Idee und Text: Andreas Hessenauer
Fotografie: Chandra Moennsad
Buchgestaltung: Ralf Brendjes
Lektorat: Christine Dippold
Druck und Weiterverarbeitung: hofmann infocom GmbH, Nürnberg
Agentur: folio, Marion Voigt, Zirndorf

ISBN 978-3-942251-35-8

Erste Auflage, September 2017

Bibliografische Information der Deutschen Nationalbibliothek
Die Deutsche Nationalbibliothek verzeichnet diese Publikation in der Deutschen Nationalbibliografie; detaillierte bibliografische Daten sind im Internet über http://dnb.d-nb.de abrufbar.

MENSCHEN **AM FLUSS**

EINE REISE ENTLANG DER PEGNITZ

DIE PEGNITZ

ist ein kleiner Fluss, ein Flüsschen, keine Dame von Welt. Doch sie ist nicht unkompliziert. Das beginnt schon bei der Quelle, die offiziell in der Stadt Pegnitz liegt. Aber dort tröpfelt nur ein Rinnsal aus dem Fels in einen kräftigen Bach: die Fichtenohe. Deren Ursprung wiederum verläuft sich weiter oben im Lindenhardter Forst, kaum erkennbar zwischen Moosteppichen und Forstweggräben. Später dann, nach über hundert Flusskilometern bei Fürth: Die Pegnitz verschwindet nicht, so wie es ein Allerweltsfluss an seiner Mündung tut. Sie verschmilzt mit der Rednitz zur Regnitz. Etwas von ihr bleibt, vielleicht hat sie gar kein Ende, so wie sie keinen klaren Anfang hat. Das ist das Gegenteil von einfach.

Und unterwegs? An ihrem Oberlauf springt sie munter durch ein stilles Tal. Die Gegend im Naturschutzgebiet zwischen Michelfeld und Ranna ist eine der schönsten Flusslandschaften Deutschlands. Kaum jemand weiß das. Ab dem Städtchen Velden durchbricht die Pegnitz kraftvoll die Felsbarrieren der Frankenalb. Sie fließt durch einen Canyon, vorbei an beschaulichen Dörfern, inmitten einer pittoresken Landschaft. Am Albrand wendet sie sich abrupt gen Westen. Das Tal weitet sich, die Pegnitz kommt zur Ruhe, jetzt hat sie doch etwas von einer Grande Dame. In großzügigen Mäandern fließt sie bedächtig zur Großstadt hin. Welch Kontrast zwischen ländlicher Abgeschiedenheit und Ballungsraum. Welch Vielfalt an Geschichte, Kultur und Dialekten, versteckt zwischen ein paar Flusswindungen. Ein kleines Tal als Mosaik von menschlicher Idee und Gestaltungskraft: behutsam und energisch, mit dem Fluss und gegen den Fluss. Schnellstraßen, Industrien, alte Mühlen und Burgen und nicht zuletzt die Bahnlinie, die längst in die Landschaft eingewachsen ist, als wäre sie selbst ein Teil davon: Tunnel um Tunnel im Fels und über dem Fluss Stahlbrücken, so alt wie der Eiffelturm.

Als ich auf einem Felsen saß, glitzerte es unter mir. Was ist der Fluss? Wie tief ist sein Grund? Eine Honda legte sich in die Kurve, ein Kanu glitt vorbei. Vielleicht sind es die Menschen, die dem Fluss Charakter und Faszination geben? Solche, die mit ihm auf besondere Weise verbunden sind. Der Kanute, der Fliegenfischer, der Bildhauer. Ich beschloss, diese Menschen zu suchen. Zusammen mit dem Fotografen Chandra Moennsad. Auf einer Reise entlang der Pegnitz.

ANDREAS HESSENAUER

22 GESCHICHTEN & EIN FLUSS

Rettet die
KUNST

IN DER SPRACHE BARFUSS GEHEN

WALTER TAUSENDPFUND
Dichter

Poesie verwandelt einen trüben Novembertag in eine Elegie. Einem Missgeschick verleiht sie packende Dramaturgie. Die Sprache schwebt davon. Walter Tausendpfund ist lieber mittendrin: im ganz normalen Leben. Der Autor schlägt keine Kapriolen am Dichterhimmel, dafür spürt er den echten Boden unter den Füßen. Seine Texte in Mundart erden und schmälern doch die Sehnsucht nach dem Fliegen nicht.

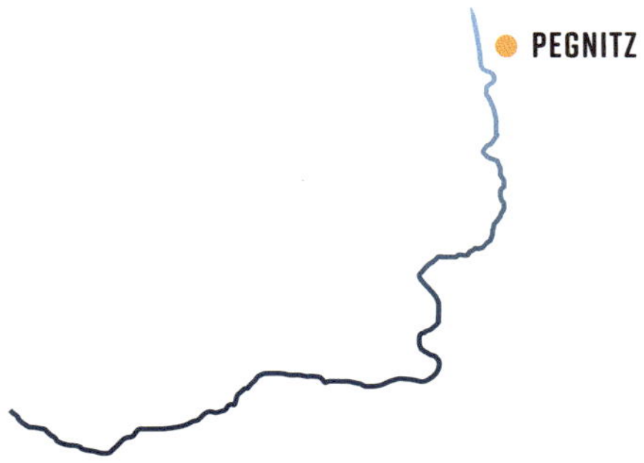

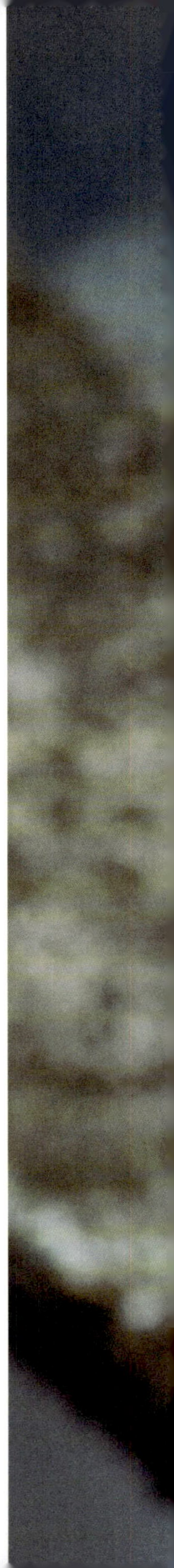

E GANZ GLANNS SCHDIGG …
UND SCHO IS VORBAI.
DEES IS ES GLIGG.

»Schau ders no ooh, wäi se doolieng. Soo schee rund, so brall, so voll.« Walter Tausendpfund hat ihn drauf, den authentischen fränkischen Slang, Zweideutigkeiten inbegriffen. Da knistert es schon mal im Kopfkino. »Was verstehst du denn davon?«, rief ihm seine Frau zu, als eines seiner Gedichte im Radio lief. Der Titel: »Liebe«. »Eine ganze Menge!«, möchte man kontern, denn Tausendpfund ist ein Virtuose der leidenschaftlichen Liebkosungen. Auf Fränkisch, versteht sich. Von Hochdeutsch macht er nur im Notfall Gebrauch. Als er während des Studiums seine Gefühle erstmals im Dialekt zu Papier brachte, war es wie eine Befreiung. Er konnte endlich »frei Schnauze« schreiben und dabei schimpfen, stänkern, scherzen, schmunzeln und schmusen. Er konnte all das ausdrücken, was ihn bewegte.

Der Bayerische Rundfunk veranstaltete 1974 einen Mundartwettbewerb unter dem Motto »In der Sprache barfuß gehen«. Tausendpfund reichte ein paar Gedichte ein und legte ein Anschreiben bei.

Schau ders no ooh, wäi se doolieng. Soo schee rund, so brall, so voll.

Darin verglich er das Dichten in Mundart mit dem Herumtollen eines kleinen Buben im Matsch – »middn nai«. Die »Dialektik« des jungen Dichters fand Anklang und wurde zum Aufmacher der Sendung. Es überrascht nicht, dass gerade die Radiomacher so scharf auf Mundart waren. Denn seine Kraft entfaltet der Dialekt im gesprochenen Wort. Das Verhältnis zur Schrift ist distanziert, verbindliche Regeln für Aussprache und Rechtschreibung gibt es nicht, kann es gar nicht geben. Man müsste für jede Ortschaft einen eigenen Dorf-Duden erstellen, so groß ist die sprachliche Vielfalt. Allein für die »Pegnitz« kursieren zahlreiche ähnlich klingende Varianten: »Bengerdz«, »Bengerds«, »Bengeds«, »Bengez«, »Bengaz«, »Bangatz« und so weiter. Es bleibt dem Geschmack des Schreibenden überlassen, wie buchstabengetreu er seine Sprachfärbungen wiedergibt und welche Kompromisse er dabei mit der Hochsprache eingeht.

Tausendpfunds Sprache ist eine Mischung aus dem Mittelfränkisch seiner Kindheit in Allersberg und dem Ostoberfränkisch mit Oberpfälzer Einschlag, wie es in seiner Wahlheimat Pegnitz gesprochen wird. Der Autor empfiehlt seinen Lesern, die Texte laut zu lesen. Denn oft versteht man einen Satz erst beim Hören. Walter Tausendpfund hat schon viele Gedichtbände unter die Leute gebracht. Besonders schön ist es für ihn, wenn er etwas

Pegnitz-Variationen im Dialekt: »Bengerdz«, »Bengerds«, »Bengeds«, »Bengez«, »Bengaz«, »Bangatz«, ...

daraus vortragen kann, etwa in der gemütlichen Atmosphäre eines Wirtshauses. Auch aus anderen Gründen fühlt sich der Poet dort wohl, womit wir wieder beim Kopfkino angelangt sind: »Schau ders no ooh, wäi se doolieng. Soo schee rund, so brall, so voll.« So schön rund, so prall, so voll. Na klar! Das sind Klöße. Viele von Tausendpfunds amourösen Anspielungen biegen unvermittelt in die Küche ab, angelockt von verführerischen Düften: Klöße und Krustenbraten, Bratwürste und Sauerkraut und als Vorspeise eine gute Suppe. Tausendpfund ist ein Genießer. »Am besten schmeckt es mir, wenn meine Frau kocht«, gesteht er und lächelt. Liebe geht eben durch den Magen. Aber was wären all diese deftigen Speisen ohne ein, zwei oder mehr Seidla Bier? »Ich und mein Rausch« heißt es in einem seiner Gedichte. Intime Zweisamkeit, irgendwann geht der Rausch. Es bleibt die Einsamkeit? Auch wenn Tausendpfund ein leutseliger Typ ist. Immer wieder sucht er ganz gezielt das Alleinsein, läuft von zu Hause los ohne festes Ziel, ist lieber Vagabund als Pilger. Ihn zieht es in den Talgrund. Die Pegnitz ist hier noch ein junges Flüsschen, das munter durch die Wiesen tollt. Für Tausendpfund sein »Bechle«.

In vielen seiner Gedichte fängt er Stimmungsbilder ein: der auf dem Wasser schaukelnde Vollmond, wabernde Nebelfetzen, der Modergeruch alter Baumgerippe. Auf seinen Ausflügen meidet der Dichter die ausgetretenen Wege, »e weng e Wildnis« ist ihm lieber. Die Natur am Fluss zieht ihn in ihren Bann: mannshohe Brennnesseln und Disteln, Schilf und Schlamm. Die üppige Vegetation an der Pegnitz erinnert ihn an Vietnam, den Trampelpfad am Fluss nennt er schon mal »meinen Ho-Chi-Minh-Pfad«. Und sein Haushügel heißt eigentlich Hainberg, aber für Tausendpfund ist es der Fujiyama. Fränkisch korrekt (bitte laut lesen!): »De Hainberch is fai e weng de Fudschiama.« Da schwingt Sehnsucht mit. Der pensionierte Gymnasiallehrer war immer gern auf Reisen, das Glück aber hat er in der weiten Welt auch nicht häufiger angetroffen als an den Gestaden der Pegnitz. Das große Glück ist für ihn ohnehin eher klein und schüchtern. Still vorbeihuschend wie

DIE PEGNITZ IST GANZ SCHÖN BLÖD.

eine Sternschnuppe, eine Blume am Wegesrand oder das letzte verschimmernde Abendlicht über der Pegnitz. Tausendpfund kann stundenlang auf einer Bank im Kirschgarten sitzen und »sinnieren«, wie er es nennt. In diesem Mikrokosmos findet er so viele Metaphern, dass er locker ein ganzes Buch nur über den »Kirschgardn« und seine Geheimnisse schreiben kann. Einsamkeit als Inspiration. Das Leben steht still.

Zurück in der Stadt: Lärm und Leute. Stets hat der Autor ein paar leere Zettel in der Hosentasche. Er lauscht Unterhaltungen auf der Straße und am Stammtisch, protokolliert O-Töne, ganz nah am Puls der Stadt. Ein Romantiker ist Tausendpfund nicht. Der Dialekt ist direkt und derb. Das passt. Pegnitz liegt nicht an der romantischen Straße, dafür an der A 9. Das passt auch. Bei Westwind hört man in der Stadt den Lärm der Autobahn, bei Ostwind das Donnern der Geschütze vom nahen Truppenübungsplatz und der Nordwind bringt die Kälte mit. Nur bei Südwind ist es schön: »Waaßd des ned, is alles beschissn.« Tausendpfund, der seine Heimat mag, mag keine Heimattümelei. Denn die kann einengen: »Für viele Pegnitzer hört das Tal flussabwärts bei Michelfeld auf. Nur wenige Kosmopoliten haben noch Neuhaus auf dem Schirm. Dann aber ist Schluss. Das beruht auf Gegenseitigkeit. Denn auch für die Leute von unten ist unsere Gegend hier oben eine ›Terra incognita‹. Die regen sich nicht einmal über unser Klärwasser auf.« Tausendpfunds Theorie für die Spaltung: Die Pegnitz verläuft entlang historischer Grenzen im »Dreiländereck« zwischen Mittelfranken, Oberfranken und der Oberpfalz. Und es gibt landschaftliche Barrieren: der große Veldensteiner Forst und das Juramassiv. Der Fluss aber scherte sich um diese Hindernisse nicht, durchschnitt den Wald und grub sich unermüdlich durch den Fels.

»Die Pegnitz ist ganz schön blöd«, sagt Tausendpfund. »Hätte sie einen anderen Weg genommen, hätte sie sich die ganze Plackerei sparen können.« Der Fluss trägt sozusagen Eulen nach Athen. Die heimische Version der sprichwörtlichen sinnlosen Verausgabung lautet übrigens: »Wasser in die Pegnitz schütten«. Am Ende des Gebirges bei Hohenstadt biegt der Fluss in vollem Schwung plötzlich scharf rechts ab. Warum macht er das? Die Pegnitz ist ein anarchisch-launisches Gewässer. Und ein Fall für Freud. Der hätte seine Freude am Pegnitz-Psychogramm. Der Fluss auf der Couch.

Die Mutter der Pegnitz

Das Hochplateau des Lindenhardter Forstes liegt in Sichtweite des Fichtelgebirges. Im Forst eine Quellfassung mit Gedenkstein und Sitzgruppe: Hier entspringt der Rote Main. Ein paar Hundert Meter entfernt erblickt seine kleine Schwester das Licht der Welt: die Fichtenohe. Sie ist das Aschenputtel der Familie. Der Graben eines Waldweges nahe der Autobahn vereinigt sich mit mehreren Wasseradern undefinierten Ursprungs. Sie quellen irgendwo aus den feuchten Moosteppichen des Waldes. Erst nach und nach erkennt man einen Bach. Rund fünfzehn Kilometer talabwärts, im Städtchen Pegnitz, ist der Bach längst zu Kräften gekommen. In ihn tropft nun ein schwaches Rinnsal. Das Rinnsal heißt Pegnitz und gibt dem Wasserlauf ab jetzt seinen Namen. Früher trat hier noch so viel Wasser aus der Karstquelle, dass es das Mühlrad der nahen Zaußenmühle antrieb. Die Quelle hieß früher Zaußenbrunnen oder Sausebrunn. Erst im 19. Jahrhundert wurde sie in Pegnitzquelle umgetauft. In der Stadt Pegnitz befindet sich seitdem also der offizielle Ursprung des gleichnamigen Flusses. Aber entspringt der Fluss nicht eher im Lindenhardter Forst? Wir lassen der Stadt Pegnitz ihre Pegnitzquelle. Die Fichtenohe würdigen wir stattdessen als »Mutter der Pegnitz«.

Der Fluss, ein Rätsel. Manchmal bekommt Tausendpfund beim Schreiben ein Gefühl. Er versteht den Fluss mehr als sonst. Die Irr- und Umwege fühlen sich auf einmal harmonisch und stimmig an.

Tausendpfund verfasste viele Bücher zur regionalen Geschichte und Kultur. Als Autor von Theaterstücken machte er sich einen Namen. 2008 wurde er mit dem »Frankenwürfel« geehrt, einer begehrten Auszeichnung, die einmal im Jahr von den drei fränkischen Regierungspräsidenten verliehen wird. Gewürdigt werden Persönlichkeiten, die die typisch fränkischen Charakterzüge in sich tragen und durch ihr Wirken zum Ausdruck bringen: Wendigkeit, Witzigkeit und Widersprüchlichkeit. Anlass sich auszuruhen hätte der »gewürfelte« Tausendpfund inzwischen wohl, aber ihm ist nicht danach, auf Lorbeeren herumzusitzen. Dann schon eher sinnierend auf der geliebten Bank im Kirschgarten:

»So hoggd e doo, / schaud in d Sunne / wäi e alde Indiaane …
und waaß ganz genau, / di Weld drehd si / waide und waide.«

Eines der Lieblingsgedichte des Indianers ist das »Gensblüümle«. Er schrieb es vor vielen Jahren. »Aber eigentlich«, sagt er und blinzelt in die Sonne, »ist es mir noch immer ein Rätsel. Ein Rätsel wie der Fluss.«

Gensblüümle

Gensblüümle
hiigschdraid
ins Groos …

schee waiß …

Gensblüümle
wäi Schdernle
so klaa …

schee waiß

Gensblüümle
vom Himml
roo gschiggd …

Weer waaß?

PEGNITZPERLEN

Wo es schön ist

GASTHOF GRADL IN LEUPS

»Viele Pegnitzer lieben das Wirtshaus Gradl in Leups. Es liegt im Tal der Fichtenohe, schon fast be Trockau. Da die Fichtenohe der stärkste Quellbach der Pegnitz ist, darf das Gasthaus Gradl durchaus als eine ›Pegnitzperle‹ verstanden werden. Zum guten Essen gibt es Bier aus der eigenen Brauerei. Ich bin dort auch gerne unter der Woche, wenn nicht so viel los ist. Am gemütlichen Kachelofen lässt es sich vorzüglich sinnieren.«

WALTER TAUSENDPFUND

GEORG BOCK
Naturfilmer

GEHEIMNISVOLLE PEGNITZAUEN

Vier Jahre lang war der Filmemacher Georg Bock an der oberen Pegnitz unterwegs, um der Natur mit der Kamera nachzuspüren. Einige geniale Aufnahmen sind ihm dabei durch die Lappen gegangen, weil ein Tier im letzten Moment scheute. Viele gelungene Bilder musste er schweren Herzens aussortieren, weil sie nicht nahtlos ins Drehbuch passten. Die siebzehn Minuten des preisgekrönten Films »Geheimnisvolle Pegnitzauen« sind die Essenz. Entstanden ist eine filmische Liebeserklärung, die dem Verborgenen Ausdruck zu geben vermag, wie ein Gemälde oder Poesie.

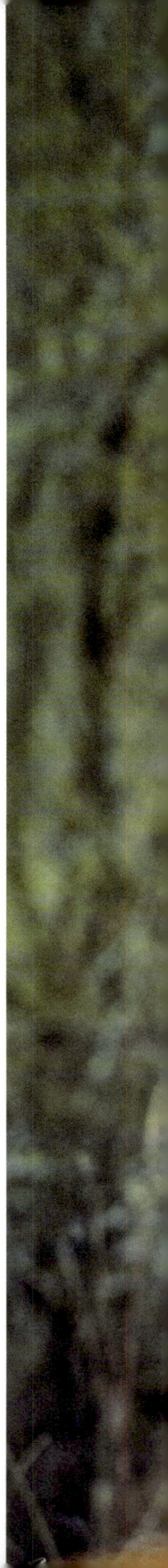

WENN SICH BEIM SCHNEIDEN AUS DEM ROHMATERIAL ETWAS STIMMIGES FORMT, IST DAS EIN GROSSES GLÜCKSGEFÜHL.

Er hat seinen festen Platz, von dem er auf den Fluss späht. Ihm entgeht nichts. Sobald sich etwas bewegt, schießt er blitzartig hinunter, mit angelegten Flügeln, wie ein Pfeil. Taucht ein und taucht wieder auf. Bei Jagdglück mit einem zappelnden Fisch im Schnabel. Den verschlingt er selbst oder verfüttert ihn an seinen Nachwuchs. Dann fliegt er zurück zu seinem Ansitz, einem aus dem Wasser ragenden Baumstumpf oder einem überhängenden Ast. Dort lauert er auf die nächste Chance.

Das Gefieder des Jägers ist grünblau, nein eher dunkelblaugrün oder doch türkisazurblau? Ganz einfach: Es ist eisvogelblau! Aber eigentlich kann man dem kleinen Exoten keine bestimmte Farbe andichten. Er schimmert, glitzert, blinkt jedes Mal anders, je nach Bewegung, Licht und Blickwinkel des Betrachters. Es bleibt etwas »Geheimnisvolles«. Ein Wort, das Georg Bock gerne verwendet. Wochenlang beobachtete er den Eisvogel, von einem Tarnzelt aus am Ufer der Pegnitz. Das Filmen von Eisvögeln ist ein

Ich hielt den Atem an: Der seltene Fischadler landete nur wenige Meter neben mir.

Abenteuer mit unsicherem Ausgang: »Die seltenen Tiere sind scheu. Schon die kleinste Bewegung vertreibt sie. Ich musste extrem vorsichtig sein«, erzählt Bock. Sein Tarnzelt stellte er schon ein paar Tage vor Drehbeginn auf, damit sich der Vogel daran gewöhnte. Als er mit dem Filmen loslegen wollte, zerstörte ein Hochwasser die Eisvogelröhre in der Uferböschung. Der Vogel war von da an nicht mehr zu sehen. Einen Artgenossen konnte Bock in aller Ruhe auf seinem Ansitz filmen. Kniffliger war es, den Moment einzufangen, in dem der Vogel blitzartig ins Wasser sticht. »Ich konnte nicht im Voraus wissen, an welcher Stelle er eintaucht. Für einen Kameraschwenk war keine Zeit, mir blieb nur, die Linse auf irgendeine Position im Wasser zu richten und zu hoffen.« Bock legte sich zwanzig Mal auf die Lauer, dann hatte er Glück. Das Ergebnis ist eines der Highlights im Film »Geheimnisvolle Pegnitzauen«. Insgesamt vier Jahre arbeitete der Filmautor unermüdlich an seinem Werk. Unzählige Male war er im urtümlichen Pegnitztal zwischen Michelfeld und Ranna unterwegs, immer auf der Suche nach dem Besonderen. Bock fand heraus, dass viele Tiere nach einer exakten inneren Uhr leben. Es gibt feste Zeiten, zu denen die Hirsche den Wald verlassen oder die Biber aktiv werden. Als Bock den Zeitcode geknackt hatte, gelangen ihm weitere

Es bleibt etwas »Geheimnisvolles«. Ein Wort, das Georg Bock gerne verwendet.

SOGAR IN SÜDKOREA LIEF EIN FILM MIT KOREANISCHEN UNTERTITELN.

Aufnahmen von faszinierender Schönheit: Biber unter Wasser, Falken bei der Aufzucht ihrer Jungen und Haubentaucher beim Liebesspiel. Imposante Hirsche, die durch den dunklen Seeweiher stapfen. Während der Brunft im Herbst fühlen sie sich wie die Herren des Tals, ihr Röhren ist noch in weiter Ferne zu hören. Bock war live dabei und ganz dicht dran. Manche der eingefangenen Szenen erinnern an die Wildnis Nordamerikas oder Skandinaviens. Wer weiß schon, dass es an der Pegnitz Adler gibt? Es sind Fischadler, die mit einer Flügelspannweite von bis zu einem Meter siebzig über dem Talgrund kreisen. Bock zu seiner langen Jagd auf den König der Lüfte: »Den Fischadler hatte ich oft gesehen, aber nie vor die Linse bekommen. Einmal war ich an den Kammerweihern und hörte plötzlich ein Geräusch. Er saß nur wenige Meter entfernt vor mir auf einem dürren Ast. Ich wagte es nicht zu atmen, schraubte die Kamera aufs Stativ und erwischte ihn gerade noch, als er wegfliegen wollte. Das war's!« Bock war glücklich. Er filmt seit drei Jahrzehnten auf der ganzen Welt und weiß, wie selten solche Momente sind. Seine erfolgreichsten Filme entstanden allesamt in der Heimat. Bocks Erklärung: »Wenn ich den Leuten ihre eigene, vermeintlich bekannte Umgebung von einer neuen

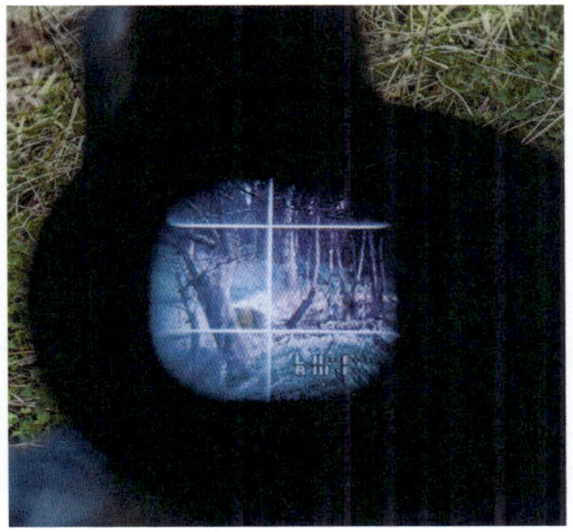

Seite zeige, dann berührt sie das.« Als Bock noch ein Kind war, kam ihm die Gegend vor wie ein großer Abenteuerspielplatz. In den Sommerferien radelte er mit Freunden das Tal hinunter und zeltete am Fluss. Mit den Kindheitserinnerungen kam er später zurück in den beschaulichen Talabschnitt, der heute ein Naturschutzgebiet ist: die »Pegnitzau zwischen Michelfeld und Ranna«. Bepackt mit Kamera, Kamerakran und Slider, Marke Eigenbau. Der Antrieb stammt von einem Fensterrollo, die Steuerung von einer Carrera-Bahn und die Batterie holte sich Bock aus einem alten Akkuschrauber. Er bastelt gerne und experimentiert mit Neuem: Für Luftbilder legte er sich jüngst einen Quadrocopter zu.

Alle noch so meisterhaften Aufnahmen bleiben Stückwerk, wenn sie nicht zu einem Gesamtkunstwerk zusammengefügt werden. Bock verbrachte viel Zeit im heimischen Filmstudio. Dort schnitt er das Rohmaterial, tüftelte an Überblendungen und Detaileinstellungen. Es konnte vorkommen, dass er an einem einzigen Satz, der einen Übergang zwischen zwei Filmszenen beschrieb, wochenlang knobelte: »Während bei den Hirschen der Hormonpegel steigt, zieht sich bei den Laubbäumen der Saft in den Stamm zurück«, war solch ein Satz. Mit der sonoren

Wenn ich den Leuten ihre eigene, bekannte Umgebung von einer neuen Seite zeige, berührt sie das.

Stimme von Axel Wostry, dem Chefsprecher des Bayerischen Rundfunks, klang er wie Poesie. Nach ungezählten Stunden am Computer ein letztes Encoding. Das Kunstwerk war endlich fertig. Und dann? Der Film ging ab. Nicht großartige Impressionen vom Grand Canyon, Himalaya oder Amazonas machten international Furore, nein, es war der Mikrokosmos an der Pegnitz. Bocks »Geheimnisvolle Pegnitzauen« wurde 2015 und 2016 mit

Auszeichnungen überschüttet. Er erhielt den »Bayerischen Löwen« und den Sonderpreis des ZDF. Bei den Amateurfilm-Weltmeisterschaften in Sankt Petersburg wählte die Jury sein Werk zum besten Naturfilm – weltweit. »Der Veldensteiner Forst«, ein anderer seiner prämierten Filme, lief sogar in Südkorea mit koreanischen Untertiteln. Die Auszeichnungen bedeuten Georg Bock viel, aber wichtiger ist ihm stets etwas anderes. Einmal zeigte er den Film im Wirtshaus. Die Gaststube war so brechend voll, dass sich Erwachsene und Kinder auf den Boden setzen mussten. »Das war ein so schöner Abend. Ich freue mich, wenn sich mein Publikum freut.« Als Ausgleich zum Rummel bei den Filmvorführungen zieht es Bock immer wieder in die Natur. Auch ohne Kamera. Einfach so. Im Frühling, wenn die Weidenpollen in der Luft wie Schneeflocken tanzen. Oder im Herbst, wenn sich Blätter von den Zweigen lösen und mit dem Fluss vergehen. Er mag die Stimmung zwischen Dämmerung und Dunkelheit: »Alles ist ganz anders, intensiver, jedes Geräusch, jede Bewegung.«

Sein schönster Moment: »Ein Morgen an den Kammerweihern, kurz bevor die Sonne aufging. Über der Oberfläche des Sees lag Dunst. Darin die Schemen der gerade aufgewachten Wasservögel. Es war wie von einer anderen Welt.«

PEGNITZPERLEN
Wo es schön ist

DIE SEEWEIHER-QUELLE

»Die Seeweiherquelle liegt versteckt am Rand des Pegnitztals, erreichbar nur über einen Pfad. Das Wasser fließt aus einer Grotte am Fuß eines Felsens in einen See. Die Quelle ist ein Naturjuwel, umgeben von üppigen Feuchtwiesen. Im dunklen Seeweiher liegen alte Baumriesen, auf denen Moose wachsen und Sumpfdotterblumen.«

GEORG BOCK

BEI DEN QUELLEN IM OBEREN PEGNITZTAL

WENN MELANCHOLIE EINE LANDSCHAFT HAT

HERMANN HOLLFELDER
MARTIN ROST
Dorfbewohner ohne Dorf

»Nordbayerischer Kurier« am 31. August 1982: »In wenigen Jahren wird man nur noch aus den Geschichtsbüchern erfahren können, was da an der Pegnitz einst war, und nur die alten Leute werden erzählen können, wie es war.« Genau so kam es. Hermann Hollfelder und Martin Rost sind über siebzig Jahre alt. Sie wohnten in Fischstein und in Oberbrand. Ihre Dörfer sind verschwunden.

HIER SIND WIR AUFGEWACHSEN.
HIER WOLLEN WIR SEIN.

»Genau hier stand unser Haus«, sagt Martin Rost, »und dort drüben das vom Kohl Michel, unserem Nachbarn.« Rost hält ein altes Foto in der Hand. Darauf ein Einfamilienhaus mit hübschem Obstgarten. Der Garten ist jetzt eine verwilderte Wiese. Ein paar der Bäume stehen noch. Knorrig stemmen sie sich gegen den Verfall. Mehr ist nicht geblieben vom Weiler Oberbrand, in dem Rost seine Kindheit und Jugend verbrachte. Wir schauen vom welligen Grashügelland hinunter zur Pegnitz. Dort lag einst Rauhenstein. Ein schmales Sträßchen schlängelt sich zu einem weiteren Nachbarort: Fischstein.

Die vielen Quellen in der Gegend wurden den drei Dörfern zum Verhängnis. Die wachsende Stadt Nürnberg brauchte Trinkwasser. Der kommunale Versorger EWAG, Vorläufer der heutigen N-ERGIE, wies 1960 ein Wasserschutzgebiet aus. Brand (Unter- und Oberbrand), Rauhenstein und Fischstein lagen in der Kernzone und hatten es plötzlich mit einschneidenden Auflagen zu tun: keine Düngung auf den Feldern und keine Baumaßnahmen mehr, auch nicht für Instandhaltung und Renovierung der Häuser. Es waren nur ein paar Sätze Beamtendeutsch, aber sie bedeuteten das Ende der Jahrhunderte währenden Besiedelung des Talabschnitts. Fischstein wurde im Jahr 1326 erstmals urkundlich erwähnt, als Standort eines Eisenhammers an der Pegnitz. Nach und nach entstanden um die Hammerwerke in Fischstein und Rauhenstein Dörfer, mit allem, was dazugehört. In Rauhenstein gab es einen Laden und ein Wirtshaus. Die Emissäre der EWAG wussten genau, wo sie die Hebel anzusetzen hatten: Die Wirtsleute wurden großzügig abgefunden, das Wirtshaus 1967 abgerissen. Der gesellschaftliche Mittelpunkt des Dorfes war verschwunden, nun hielten es auch die restlichen Dörfler nicht mehr lange aus. Von seinen

Dort am Felsen »Beim Schmierbrenner«, am Waldrand »Beim Grabenbauer«, unterm Hügel »Beim Birnbaum-Ziegler«.

Bewohnern verlassen, verkam das einst herrschaftliche Hammerhaus zur Ruine. 1987 rückten die Bagger an, kein Stein blieb auf dem anderen. Rauhenstein war Geschichte. In Fischstein wohnte zu diesem Zeitpunkt noch eine Handvoll trotziger Widerständler. Der Ort bot ein trostloses Bild: Zwischen Abrisslücken standen noch zwei, drei einsame Häuser. Das Letzte war das vom Ziegler Franz. Erst als über Achtzigjähriger verließ er es. Er verließ es im Sarg. Das war im Jahr 1991.

Seitdem ist viel Gras über die Dörfer gewachsen. »Aber es gibt noch versteckte Spuren«, verrät mir Hermann Hollfelder. Er ist ein alter Fischsteiner und kennt jeden Zentimeter hier. Er führt mich durch unwegsames Gelände. Zeigt mir Mauerreste, Fundamente, einen Bierkeller, verwitterte Grenzsteine und zugewachsene Wege. Unter Brennnesseln: der Schlackehaufen des ehemaligen Eisenhammers. Er weiß genau, wo welches Haus stand und welchen Namen es hatte. Dort am Felsen »Beim Schmierbrenner«, am Waldrand »Beim Grabenbauer«, am Fuß des Hügels »Beim Birnbaum-Ziegler«. Auch seinen Schulweg kennt er noch ganz genau: ein einsamer Pfad von Fischstein aus durch die Wiesen am Fluss entlang und dann durch den Wald zum Kloster in Michelfeld. Zweimal in der Woche war in der Klosterkirche um sieben Uhr Morgenmesse.

Im Garten von Martin Rosts Elternhaus steht nur noch ein Gedenkstein.

RINNERUNG
AN
OBER-UNTERBRAND
1450-1975

ICH GEHE OFT MEINEN ALTEN SCHULWEG, MICH ZIEHT ES IMMER WIEDER HIERHER.

Die Kinder sammelten sich um sechs Uhr zum Aufbruch. Im Winter war es um diese Zeit noch dunkel. Da es nach dem Krieg an Petroleum mangelte, mussten sie ohne Lampen auskommen. Einzige Orientierung auf dem Weg gab das schmale, graue Himmelsband zwischen den Baumwipfeln. Die Kinder liefen bei Schnee in Kolonne, der Kräftigste spurte vorneweg. Waren die Kammerweiher zugefroren, kürzten sie über die Eisfläche ab. Wer einbrach, musste bis zur Schule schlottern, um dort am Ofen wieder aufzutauen. Im Winter steckten die Füße in Holzschuhen, im Sommer gingen die Kinder barfuß. An den warmen Tagen trödelten sie auf dem Nachhauseweg und kamen erst gegen Abend an. Das Tal war voller Abenteuer. Sie planschten in den Weihern, erfrischten sich in der Pegnitz oder schipperten den Fluss mit einem selbst gebauten Floß hinunter. Das Flusswasser war so sauber, dass sie es tranken. Unter jedem zweiten Stein versteckte sich ein Flusskrebs. Die Kinder sammelten die Krebse und warfen sie daheim in kochendes Wasser. Das schmeckte köstlich. Bis spät nachts saßen sie im Herbst am Feuer und bewachten die Kartoffelfelder. Dann trauten sich Hirsche und Wildschweine nicht aus dem Wald. Am knisternden Feuer heckten sie Streiche aus. Sie klauten am Bahnhof eine Draisine, rollten Kürbisse aufs Gleis und jagten Hasen auf der Wiese vor dem Forsthaus, wenn der Förster nicht zu Hause war. Bullerbü an der Pegnitz, Streiche wie in Lönneberga, Flussabenteuer wie die von Huckleberry Finn? »Ja«, sagt Martin Rost,

»so war es wirklich.« Hermann Hollfelder hat es anders erlebt: Sein Vater war im Krieg gefallen, in den folgenden Jahren musste Hollfelder als Bub die Familie versorgen. Nach der Schule hütete er die Kühe der Bauern im Veldensteiner Forst. Für seine Mithilfe bei der Kartoffelernte bekam er als Wochenlohn einen Laib Brot. Im Sommer kam die Dreschmaschine ins Dorf. Sie hielt zwei Maschinisten und zehn Zuarbeiter gleichzeitig auf Trab. Hollfelder und Rost schwitzten gemeinsam im Lärm und Getreidestaub.

»Für mich war es eine schwere Zeit«, sagt Hollfelder. »Aber wenn ich zurückdenke, werde ich wehmütig. Ich gehe oft meinen alten Schulweg entlang. Ich wünsche mir, dass ich noch lange gut zu Fuß bin. Mich zieht es immer wieder hierher.« Auf seinen Spaziergängen steuert Hollfelder stets die Kapelle in Fischstein an. Sie ist das einzige Gebäude, das nicht abgerissen wurde. Er kehrt das Laub vom Weg und zündet drinnen eine Kerze an. Dann betet er. In die Votivtafeln neben dem Altar sind die Namen und Sterbedaten seines Vaters und Großvaters eingraviert. Es ist wichtig, dass die Kapelle noch steht. Sie ist für die ehemaligen Bewohner ein Ort ihrer Gefühle. Einmal im Jahr, an Christi Himmelfahrt, kommen sie hier alle zur Mai-Andacht zusammen.

Warum gab es keinen Widerstand, als das Ende der Dörfer besiegelt war? Keine Sitzblockaden, Bürgerinitiativen, Wutbürger?

Die Medaille hat zwei Seiten: Wäre die Gegend nicht Schutzgebiet geworden, dann sähe es jetzt hier so aus wie überall: flurbereinigt, asphaltiert, zersiedelt.

»Die Leute waren damals obrigkeitshöriger. Sie nahmen es als höhere Gewalt einfach hin«, entgegnet Martin Rost. Vielleicht spielte auch eine Rolle, dass die Dörfer nicht schlagartig verschwanden. Niemand wurde mit Gewalt hinausgeworfen. Der Exodus war ein schleichender Prozess, der sich über die Zeitspanne einer Generation hinzog. Den Jungen fiel es leichter zu gehen. Die Alten blieben und protestierten damit auf ihre Weise. »Die Medaille hat zwei Seiten«, so Rost, »wäre die Gegend nicht Schutzgebiet, dann sähe es jetzt hier so aus wie überall: flurbereinigt, asphaltiert, zersiedelt.«

Das Pegnitztal zwischen Michelfeld und Ranna ist ein Juwel. Zwischen Weihern, Fluss und Wäldern liegen saftgrüne Wiesen. Ihre Konturen sind nicht mit dem Lineal gezogen, sondern sie schmiegen sich in die Gegebenheiten des Geländes. Hier ein sich bis weit ins Tal vorwagender Waldzipfel, da eine vom Fluss umspülte Halbinsel. Die Pegnitz ist nicht reguliert. Es ist ihr selbst überlassen, welchen Weg sie wählt. Das Tal ist Naturschutzgebiet und für den Autoverkehr gesperrt. Von Zeit zu Zeit preschen die Regionalzüge der Bahnlinie Nürnberg–Bayreuth aus dem Wald und folgen für einen Moment den Windungen des Tales, bevor sie wieder verschwinden. Dann ist es wieder still, in einer der schönsten Flusslandschaften Deutschlands. Welch Kontrast zum urbanen Charakter des Flusses an seinem Unterlauf. Nürnberg ist weit und Nürnberg ist nah: Fast die Hälfte des Nürnberger Trinkwassers stammt aus den hiesigen Quellen. In der fünfundvierzig Kilometer langen Rannaleitung wird es entlang des Pegnitztals zur Stadt geleitet. Martin Rost lacht: »Bei Fischstein gab es einen Zustieg zu einem Wasserrohr. Als dieses einmal trockengelegt war, setzten wir uns auf einen Rollwagen. Er diente der EWAG zu Wartungszwecken. Einer von uns schob an und dann donnerten wir im Rohr das Tal hinunter.«

Dann wird Rost ernst und streicht mit der Hand über einen Schriftzug. Sein Vater war Steinmetz und meißelte die Worte in Stein: »Erinnerung an Ober- Unterbrand 1450 – 1975«. Der Findling steht im ehemaligen Garten seines Elternhauses. Rost kommt regelmäßig hierher, um ihn zu säubern. »Wir mussten unser Haus 1973 abreißen. Das tat weh. Hier war es wirklich schön.« Dann schaut Rost hinunter in Richtung Pegnitz.

»Eigentlich«, sagt er, »ist es hier noch immer wunderschön.«

PEGNITZPERLEN
Wo es schön ist

DIE KAMMERWEIHER

»An meinem ehemaligen Schulweg liegen die Kammerweiher. Dort steht eine alte Weide, an der ich schon als Kind vorbeikam. Wenn ich heute spazieren gehe, lehne ich mich zum Ausruhen an ihren Stamm. Viele seltene Tierarten leben hier. Wer sich auf die Bank zwischen den Weihern setzt, muss damit rechnen, dass sich eine Ringelnatter über seine Füße schlängelt. Der Bund Naturschutz baute einen Beobachtungsturm. Mit Glück kann man von dort aus den Fischadler sehen.«

HERMANN HOLLFELDER

VON DER KUNST, DIE FISCHE ZU VERFÜHREN

KATHI & PETER ARENT
Fliegenfischer

Was vereint Schauspieler Brad Pitt, Musiker Eric Clapton und Fußballer Zlatan Ibrahimovic? Sie alle haben das gleiche Hobby: Fliegenfischen. Ob einer von ihnen schon inkognito an der Pegnitz war? Jedenfalls weilten feine englische Aristokraten hier. Die Pegnitz war im 19. Jahrhundert ihr Eldorado. Kathi und Peter Arent wohnen in Eldorado, nur ein paar Meter vom Fluss entfernt. Auch sie fischen mit der Fliege. Es ist für sie Faszination, Können und Kunst zugleich. Und: ein Glücksgefühl!

DIE SEELE BAUMELN LASSEN.
AN DEN FLUSS DENKEN UND DEN FISCH,
DER VIELLEICHT KOMMT ODER NICHT.

Ihr langes Schattendasein ist nur ein Vorspiel. Drei Jahre hausen sie in Schlammtunneln am Grund. Im Frühsommer des dritten Jahres verlassen sie die Unterwelt und schweben zu Tausenden auf einem Luftpolster hinauf ans Licht. Dies passiert gleichzeitig, getaktet von einem unsichtbaren Metronom. Jetzt muss alles schnell gehen. Die trägen Jahre kulminieren in einem grandiosen Finale. Binnen weniger Minuten häuten sich die Larven zur Maifliege, schwirren davon in dichten Schwärmen und begatten sich liebestoll im Flug. Die Weibchen kehren zurück zum Fluss und legen Eier. Die sinken zum Grund als neue Inkubation des ewigen Zyklus vom Werden und Vergehen. Die Lebenskraft reicht für ein paar Stunden. Wenn es die Eintagsfliegen wüssten, würden sie dann auch so selbstvergessen hochzeiten und tanzen? Was würden sie tun? Welch Spannung zwischen Leben und Tod, welch provozierend vorgetragene Vergänglichkeit! Zusammen mit der abgeworfenen Haut der Larven bedecken die Leiber der verendeten Fliegen den Fluss.

Aus der Ferne sieht dies aus wie ein Blumenteppich, der übers Wasser treibt. Friedlich und ruhig fließt die Pegnitz nach dem Abklingen der Eruption.

Der massenhafte Schlupf der Maifliegen bringt auch die Forellen um den Verstand. Sie stürzen sich gierig auf die leichte Beute. Es ist ein Tanz auf scharfer Klinge, denn die Jäger sind Gejagte zugleich: Maifliegenzeit ist Fliegenfischerzeit! Kathi Arent vergisst ihren ersten Maifliegentag nicht: »Als die Sonne aus den Wolken kam, schlüpften die Maifliegen. Der Fluss brodelte. Die Forellen spielten verrückt und schossen bereits aus dem Wasser, bevor meine Fliege aufsetzte.«

Licht, Strömung, Wetter und Wind. Ich muss den Fluss lesen können und die Fische verstehen.

Die »Fliege«, von der Kathi spricht, ist ein Imitat, das der echten Maifliege täuschend ähnlich sieht. Es wiegt kaum mehr als eine Feder, Gewicht hat nur die Schnur, an der sie hängt. Die Magie besteht darin, die Schnur in der Luft vor und zurück zu schwingen. So wie ein Cowboy sein Lasso, aber natürlich viel graziöser. Kathi schwingt die Schnur so lange, bis sie die richtige Länge hat. Dann gleitet sie in einem letzten eleganten Schwung durch die Luft und die Fliege landet sanft auf dem Wasser: exakt da, wo sie hin soll. Das ist der entscheidende Moment. Im Hirn des Fisches muss sich

Lords und Gentlemen reisten an die Pegnitz. Sogar ein Maharadscha aus Indien war dabei.

JEDE FISCHART ERZEUGT BEIM SPRUNG AUS DEM WASSER IHRE EIGENE TONSPUR.

jetzt ein Schalter umlegen. Die Kunst ist es, den Fisch so anzufixen, dass er nur noch auf die Beute starrt. Wenn nicht gerade Maifliegenzeit ist, ein schwieriger Job. Fische sind misstrauisch und scheu. Sie besitzen ein gutes Gehör, gute Augen und ein gutes Gedächtnis. Und sie lernen. Besonders alte, erfahrene Fische sind schlau. So wie Johnny. Johnny ist eine Forelle. Peter, Kathis Mann, kennt Johnny schon seit vielen Jahren. Wie einen guten Kumpel. Er weiß, wo sein Unterschlupf ist. Und er kennt seine Eigenarten und besonderen Merkmale, wie die kleinen Einkerbungen am Schwanz. »Johnny würde ich unter Tausenden erkennen«, sagt Peter ohne zu zögern. Peter steht am Ufer. Hinter seinem Rücken ist ein Platschen zu hören. »Das war eine Äsche«, tippt er. »Jede Fischart erzeugt beim Sprung aus dem Wasser ihre eigene Tonspur.«

Lauschen und Schauen: Peter und Kathi verbringen viel Zeit damit. Kathi: »Ich beobachte einen Fisch oft über längere Zeit und versuche, mich in ihn hineinzudenken. Wie kann ich ihn überlisten? Welche Fliege ist jetzt die beste und wie lasse ich sie aufsetzen? Wenn ich am Fluss bin, ist es jedes Mal anders. Das Licht, die Strömung, Wetter und Wind. Ich muss den Fluss lesen können und die Fische verstehen.« Die Auswahl der richtigen Fliege ist eine Geheimwissenschaft. Es sind kleine Artefakte aus Federn,

Fellstücken und Garnen. Unikate, oft vom Fliegenfischer selbst gebunden und optimiert, als Ergebnis jahrelanger Beobachtung und Tüftelei. Zum Einsatz kommen nicht nur Maifliegen-Imitate, sondern unzählige andere Fliegen, die etwa das Aussehen kleiner Beutefische nachahmen. Das Verführen der Fische ist Wissenschaft und Kunst zugleich. Die Wissenschaftler und Künstler jedoch sind in der Minderheit: Nur ein Prozent der fünf Millionen Angler in Deutschland fischt mit der Fliege. Das Zentrum der Fliegenfischer an der Pegnitz liegt um Neuhaus und Velden. Es gibt einheimische Familien, die diese Tradition seit Generationen pflegen. Mitunter besitzen sie seit Jahrhunderten Fischrechte. Wer selbst kein Fischrecht besitzt, kann als Gastangler beim Fischereiverein Hersbruck eine Tageslizenz erwerben.

»Wir lieben diese Gegend und fühlen uns wohl hier«, sagen Kathi und Peter. Sie wuchs in Oberbayern auf, er in der Eifel. In Neuhaus betrieb Kathi lange Zeit einen Laden für Fliegenfischer. Die Szene aus ganz Süddeutschland versorgte sich bei ihr mit Ausrüstung und fachsimpelte bei den jährlichen Hausmessen. Im 19. Jahrhundert hypte das Fliegenfischen als vornehme Zerstreuung der angelsächsischen Upperclass.

Lords und Gentlemen reisten an die Pegnitz. Der Engländer G. E. Skues, einst ein bekannter Sportfischer, schwärmte von der Pegnitz als dem besten Forellengewässer Europas. Die vornehmen Herren logierten im Kurhotel von Rupprechtstegen. Sogar ein Maharadscha aus Indien war dabei. Es war die Belle

Plötzlich brodelte der Fluss. Die Forellen spielten verrückt und schossen aus dem Wasser.

Époque an der Pegnitz. Sie ist Geschichte. Noch immer aber suchen viele hier die Balance aus Entspannung und Herausforderung. Kathi sperrte ihren Laden 2017 zu. Das Geschäft lief gut, aber die Balance stimmte nicht mehr. Sie wollte wieder Zeit haben, mehr am Fluss sein. Zusammen mit Peter gibt sie nun Fliegenfischer-Kurse. Die Teilnehmer sind beruflich stark beanspruchte Manager, Ärzte, Anwälte oder IT-Spezialisten. Da kommt Freude auf, wenn die erste Forelle der Fliege in die Falle geht. Peter erklärt dem euphorisierten Nachwuchs dann, dass mit dem Anbiss noch nichts gewonnen ist. Jetzt wird es richtig spannend: Es beginnt der »Drill«, die Schachpartie zwischen Mensch und Fisch. Wenn auf Widerhaken verzichtet wird, hält sich die Fliege im Maul des Fisches alleine durch den Zug der Schnur. Diese muss ständig unter Spannung stehen. Große Fische wie Karpfen oder Hechte haben Kraft und stemmen sich dagegen. Die Rute biegt sich. Fische mit Grips steuern »Kraut« an, im Wasser befindliche Hindernisse wie Äste oder Pflanzen. Nicht immer gewinnt der Mensch die Partie. Peter vergisst den Drill seines Lebens nie. Ein großer Lachs biss an: zweiundneunzig Zentimeter lang und acht Komma drei Kilogramm schwer. Jede Sekunde des dramatischen Kräftemessens kann er noch heute in Gedanken nachvollziehen, zwei Tage danach spürte er noch das Adrenalin.

»Jetzt«, sagt Peter, »erzähle ich von dem wirklich größten Fang meines Lebens. Kathi und ich waren noch nicht verheiratet, zusammen ruderten wir auf einen italienischen See hinaus. Ich warf die Fliege weit und elegant aus, ein unerwarteter Windstoß trieb sie seitwärts und plötzlich hatte ich mir Kathi geangelt. Der Haken hing in ihrem Ohr, wie ein Ohrring.«

Der größte Fang meines Lebens: Ich warf die Fliege elegant aus und plötzlich hatte ich Kathi am Haken.

PEGNITZPERLEN

Wo es schön ist

RANNA IN DER OBERPFALZ

»Wenn ich zur Ruhe kommen will, dann fahre ich von Neuhaus aus vier Kilometer talaufwärts bis zum Ort Ranna, der schon zur Oberpfalz gehört. Etwas außerhalb des Ortes, auf einem Hügel, steht die schöne Magdalenenkapelle. Dahinter im Wald befand sich früher ein Geschützstand der Amerikaner, an dem auch einst Elvis Presley während seiner Wehrdienstzeit das Schießen übte. Ich liebe es, durch die Wiesen an der Pegnitz zu laufen, mit Angelrute oder ohne. Auf einem Baumstamm balanciere ich über den Fluss und statte Johnny einen Besuch ab, der alten Forelle.«

KATHI ARENT

DER PEGNITZ AUF DEN GRUND GEHEN

CHRISTIAN FARNBAUER
Taucher

Alles kennt man. Die Fachwerkhäuser, die Felsformationen, das Flussflimmern. Die Sonne wandert über den Hügelsaum. Ihr Licht tänzelt, spiegelt und bricht sich auf der Oberfläche des Wassers, dem Gewand aus Seerosen, Wassersternen und flutendem Hahnenfuß. Darunter aber liegt eine andere, verborgene Welt, die niemand kennt. Christian Farnbauer schon. Er ist Taucher und geht der Pegnitz auf den Grund.

DIESE STILLE. ICH TAUCHE VÖLLIG VOM ALLTAG AB.
WENN ICH MEINEN KOPF INS WASSER STECKE,
FÜHLE ICH MICH WIE IN EINER ANDEREN WELT.

Der Raum ist eine Mischung aus Wohnzimmer und Büro. Ein junger Mann tritt zur Tür herein: „Zum Tauchshop wollte ich, wegen der zwei Flossen, die ich bestellt habe.« »Jawoll, ich komme gleich, in zwei Minuten«, entgegnet Christian Farnbauer freundlich. Aber vorher noch einen Schluck Kaffee. Er deutet auf die Tasse: »Wenn es geregnet hat, ist die Pegnitz gelb und trüb wie Milchkaffee.« Es braucht Tage, bis das aufgewühlte Wasser wieder aufklart und eingeschwemmte Sedimente zu Boden sinken. Diese stammen aus einem flussaufwärts gelegenen Steinbruch. Bei schlechter Sicht erkennt Christian Farnbauer unter Wasser gar nichts, nicht einmal die eigene Hand vor der Taucherbrille. Sind die Verhältnisse günstig, kann er beim Schnorcheln bis zu fünf Meter weit sehen. Mit kristallklaren Bergseen kann die Pegnitz freilich nicht mithalten. Aber der völlige Durchblick kann auch entzaubern. Die Pegnitz verbirgt sich gerne. Farnbauer erinnert sich: »Als Kind hatte ich Angst, wenn ich in den dunklen Fluss stieg. Da war immer etwas Unheimliches.« Heute fühlt er sich mit seiner Erfahrung und Ausrüstung sicher.

Es gibt in der Pegnitz Forellen, die vollkommen lässig bleiben. Sie lassen sich streicheln.

An einem Novembertag steht ein Trupp in voller Montur an der Einstiegsstelle bei Velden. Es gießt in Strömen. Aber das ist egal. Mit von der Partie sind Vinnie und Craige, zwei Amerikaner. Für sie ist es der erste Tauchgang im Fluss. Farnbauer gibt letzte Anweisungen und buchstabiert die wichtigsten Zeichen des Taucheralphabets. Daumen hoch: Auftauchen. Daumen runter: Abtauchen. Gekreuzte Finger: Ich muss aufs Klo! Ausgestreckter Zeigefinger: Es ist zu spät. Alles klar? Dann ab ins Wasser. Das schwerelose Gleiten, dem Lauf des Flusses folgend, ist ein Abenteuer, ein Ausflug in eine unbekannte Welt. Üppiges Wassergras überzieht Totholz und Steine. Wasserpest, das unbeliebte, grüne Gespenst, wiegt sich sanft in der Strömung wie Kornähren im Sommerwind. Zwielicht – Trübnis – Flimmern. Wie ein Wunder unter Wasser: der Steinkrebs. Sein Anblick ist ein Glücksmoment. Hier muss sie sein: die Mitte des Flusses. Fische flitzen, huschen und verschwinden. Scheue Äschen, Mühlkoppen, Hechte und Regenbogenforellen. Manchmal halten sie inne, beäugen neugierig den Taucher, das seltsame Geschöpf. Es gibt Forellen, die beim Anblick des Außerirdischen vollkommen lässig bleiben. Sie lassen sich streicheln.

Töpfe, Teller, Besteck und Krimskrams:
In der Pegnitz findet man so gut wie alles.

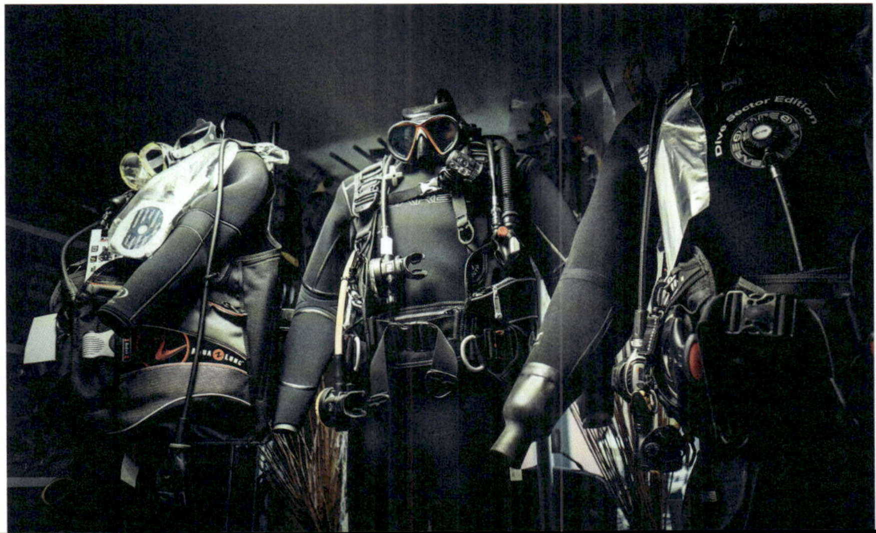
Dive Sector Edition

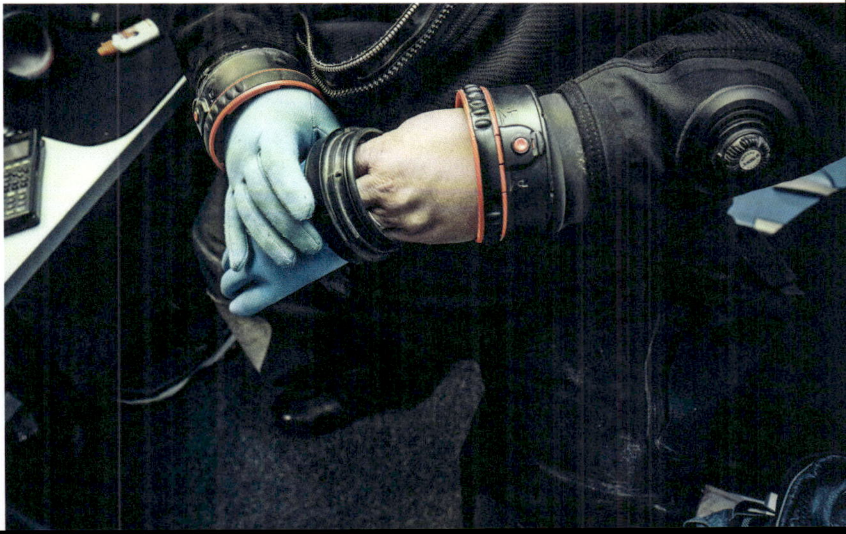

ALS KIND HATTE ICH GROSSE ANGST, WENN ICH IN DEN DUNKLEN FLUSS STIEG.

Rendezvous voll Schweigen. Der Fluss ist Stille. Nur das eigene Atmen begleitet den Taucher die ganze Zeit. Das einzig fremde Geräusch dringt vom Mühlrad in der Ferne. Aus welcher Richtung? Schallwellen bewegen sich im Wasser viermal schneller. Mensch außer Gefecht: räumliches Hören funktioniert nicht, Atmen funktioniert nicht, Sprechen funktioniert nicht. Alles ist anders. Was ist der Fluss? Der Bruder des Monds? »Der Fluss ist heilig«, sagten frühe Vorfahren. Vielleicht ist der Fluss die Pforte zu einer anderen, transzendenten Welt? Die Kelten versenkten manche Kostbarkeit im Wasser, als Opfergabe. Einen Kultgegenstand oder einen Goldschatz fand Farnbauer noch nicht. Am Ende des Zweiten Weltkriegs, als die Amerikaner einrückten, entsorgten die Verteidiger ihre Waffen in der Pegnitz. Farnbauer zog einige davon Jahrzehnte später wieder heraus und übergab sie einem Museum. Auch eine Panzerfaust fand er. Die war noch scharf und musste im Fluss gesprengt werden. Und dann das Übliche: Autoreifen, Fahrräder, Töpfe, Teller, Besteck, Bierkrüge. Unheiliger Krimskrams. Wer einen Grundstock für eine Haushaltsgründung braucht, sucht am besten in der Nähe von Brücken. Aber aufpassen! Von der Unterwasserwelt verzückte Tauchneulinge rumpeln schon mal mit dem

Kopf gegen einen Brückenpfeiler. Eine echte Gefahr geht von herrenlosen Angelschnüren aus. Einmal verhedderte sich ein Kursteilnehmer, geriet in Panik und wickelte sich ein wie in einen Kokon. Farnbauer befreite ihn. Er hat immer ein Messer dabei. Der Profi taucht seit seiner Jugend. Über viele Ausbildungsstufen brachte er es bis zum höchsten Level im Tauchsport: dem »SSI Instructor Certifier«. Er ist nicht nur Tauchlehrer, sondern prüft und zertifiziert auch angehende Tauchlehrer. Farnbauer gründete eine Tauchschule mit einem Team aus zehn Ausbildern. Die Schule bietet Kurse in den Bädern und Seen der Umgebung an und organisiert Tauchreisen ans Meer.

Es gibt tausend tolle Tauchlocations in der ganzen Welt. Farnbauer kennt viele davon. Warum dann die Pegnitz? »Vielleicht spielt die Landschaft eine Rolle, das malerische Felsental, das verträumte Velden.« Den Leuten macht es Spaß. Auch Craige und Vinnie, die beiden Amerikaner, sind begeistert. Wollen sie wieder kommen? »Of course! Nur das Wetter könnte besser sein.« Am Ausstieg bei der Veldener Mühle gießt es noch immer in Strömen. Ein paar Meter weiter hat schon ein Glühweinstand geöffnet. Dort aufwärmen? »Nichts da«, ruft Farnbauer, »Tradition ist Tradition. Jetzt ist Aftertauch-Party!« Er zieht einen Kasten Bier aus dem Wasser. Die Jungs stehen noch im Wasser, köpfen die Flaschen und

Nach einem Regen ist die Pegnitz gelb und trüb wie Milchkaffee.

stoßen an. »Im Sommer stellen wir Bierbänke auf die Wehrkrone der Mühle.« Kurz vor dem Wehr ist die Pegnitz noch rund zweieinhalb Meter tief. Flussaufwärts, außerhalb der Stauzone, wird sie flacher. Der Pegel sank in den letzten Jahren kontinuierlich, für echtes Tauchen reicht es an Farnbauers Lieblingsstrecke nun nicht mehr. Er stieg auf Schnorcheln um. Dem Reiz tat dies keinen

Abbruch. Im Gegenteil: Seit ein Magazin über das Schnorcheln in der Pegnitz berichtete, kann sich Farnbauer vor Anfragen kaum retten. Velden, das fränkische Tauchsportmekka: Schnupper- und Erste-Hilfe-Kurse, Ausrüstungskunde, Tauchausflüge. Im Sommer ist Farnbauer jedes Wochenende unterwegs. Nebenbei betreibt er zusammen mit seiner Frau noch den Tauchshop.

Eines Tages begann er mit seinen Freunden, Snooker zu spielen, eine Billard-Variante. Sie spielten vierundzwanzig Stunden nonstop. Der Bürgermeister war dabei und die Pfarrerin, Vertrauenspersonen eben. Sie hatten ein Auge darauf, dass alles korrekt lief, gemäß den Guinness-Statuten. Der Snookertisch stand am Grund eines bis an den Rand gefüllten Freibadbeckens, die Spieler trugen volle Tauchmontur. Es war der Weltrekord im Unterwasser-Snooker, eingestellt von smarten Tauchern aus der fränkischen Provinz. Diese fränkische Provinz liebt Farnbauer. In Velden wuchs er auf, genauso wie seine Eltern und Großeltern. Der Fluss prägte Generationen. An jedes Hochwasser, bei dem die Pegnitz im Keller stand, kann sich Farnbauers Mutter noch genau erinnern. Heute führt Farnbauer in seinem Elternhaus am Fluss den angestammten Familienbetrieb weiter: eine Baufirma. Da kommt keine Langeweile auf. Wie schafft er das alles? Farnbauer: »Das geht nur, weil Tauchen für mich reinste Erholung ist. Ich kann abschalten. Nach einer Stunde im Wasser bin ich völlig relaxt. Wenn ich ein paar Tage nicht ins Wasser komme, dann halte ich es nicht mehr aus. Ich muss wieder ins Wasser.« Dann lacht er:

Hey! Mein Sternzeichen ist Fisch.
Und einen Fisch zieht es ins Wasser.

PEGNITZPERLEN
Wo es schön ist

ABENDSTIMMUNG AM STEG

»Am Abend spaziere ich gerne mit meinem Hund an der Pegnitz. Ich setze mich auf den Steg bei der DLRG-Hütte unterhalb des Bahnhofs und lasse die Beine im Wasser baumeln. Das ist herrlich! Manchmal beobachte ich von dort den Biber. Früher war hier das Veldener Flussbad mit Sprungturm. Mutige sprangen kopfüber ins Wasser.«

CHRISTIAN FARNBAUER

Badewasser?

Früher gab es keine Freibäder, die Menschen badeten in der Pegnitz. Besonders beliebte Badeplätze waren sandige Flussschleifen. Erst im 19. Jahrhundert entwickelte sich eine offizielle Flussbadekultur. Es entstanden Flussbäder mit Liegewiese, Umkleidekabinen und Badeverordnung. Mancherorts stand sogar ein Sprungturm. In Nürnberg wurde etwa an der Wöhrder Wiese gebadet. Noch in den Fünfzigerjahren erfrischten sich an heißen Sommertagen viele Menschen in der Pegnitz. Ab den Sechziger- und Siebzigerjahren wurde das Baden wegen Gesundheitsgefährdung verboten. Ganz langsam verbesserte sich in den Folgejahren die Wasserqualität. Dank der Kläranlagen gilt die Pegnitz inzwischen nur noch als mäßig belastet (Gewässergüteklasse II). Das ist jedoch nicht immer und überall so. Nach starken Regenfällen kann die Belastung im Nürnberger Flussabschnitt schnell kritisch werden. Das Baden in der Pegnitz ist zwar offiziell noch immer nicht wieder erlaubt, viele baden trotzdem. Die Behörden drücken ein Auge zu. Am renaturierten Flussbett in Fürth gibt es einen schönen Sandstrand. Und 2016 wurde an der Südseite des Wöhrder Sees die Norikusbucht eröffnet: zum Sonnenbaden und Planschen.

Auch bei optimalen Bedingungen unterscheidet sich das Schwimmen im Fluss von einem Ausflug ins Freibad. Die Pegnitz bleibt unberechenbar, es kommt immer wieder zu Unfällen. Das Wasser ist kalt und trüb, die Strömung tückisch. Am Grund finden sich Glasscherben, spitze Steine oder Äste. Damit nicht genug: Im Fluss lebt ein großer Raubfisch. Ein Angler hatte 2009 in Nürnberg einen Waller am Haken. Das Ungetüm wog vierzig Kilogramm und war einen Meter achtzig lang. Ein gutes Zeichen für die Qualität des Wassers. Der Waller ernährt sich vor allem von Fischen, manchmal schnappt er sich auch eine Ente, Taube oder Bisamratte. Zweibeinige Wasserratten stehen zum Glück nicht auf seinem Speiseplan.

AN DER WÖHRDER WIESE IN NÜRNBERG 1951

Nürnberger Nachrichten / Friedl Ulrich

BEACH-BOULDERN

MICHAEL MÜRSCHBERGER
Kletterer

Der Frankenjura ist ein Klettermekka. Mit über zwölftausend Routen gehört er zu den besterschlossenen Klettergebieten weltweit. Ein Hotspot ist das Pegnitztal mit Berühmtheiten wie Ankatalwand, Student, Riffler, Löwenstein und Roter Fels. Traditionell wird auf vorgegebenen Routen mit Seil und Haken geklettert. Dann kam das Bouldern: frei, extrem, dynamisch, an glatten Wänden und Überhängen. Bei Velden schuf die Pegnitz einen engen Canyon. Den Fels dort nennen Einheimische die »Mühlwand«, für die Kletterszene ist es der »Beach«. Michael Mürschberger hängt oft am Beach. Nicht am Strand, sondern darüber, an der Wand. Er bouldert. Das Bouldern ist seine Passion.

ICH ÜBE ZEHN JAHRE DIESEN EINEN ZUG.
DABEI LERNE ICH VIEL ÜBER MICH UND
VERGESSE SO VIEL VON DER WELT.

Spinnen und Geckos fallen nicht von der Decke. An ihren Füßen sprießen winzig kleine Härchen. Deren Moleküle und die des Untergrunds ziehen sich an. So funktioniert das. Die Natur ist kreativ. Dem Menschen als benachteiligter Spezies bleibt nur der neidische Blick nach oben. Spiderman? Nichts als Fiktion! Geht nicht. Doch der Mensch hat Grips, Kraft und Fantasie. Wenn er alles in die Waagschale wirft, dann kann er die Evolution auf die Matte legen. Das geht. Das ist der Mensch. Michael Mürschberger hängt im Überhang. Zehen- und Fingerspitzen in kleine Knubbel und Kuhlen gepresst. Konzentriert geht er in den nächsten Move. Er kennt jeden Zentimeter. Jede Kontur, die ihm Halt bieten könnte, hat er längst auf seiner inneren Landkarte vermerkt. Als Insel im glatten Felsenmeer. Löcher für einen, zwei, drei Finger, Minigriffe, kleine Leisten, winzige Schlitze. Die Sonnenstrahlen klettern am Fels von oben nach unten und zeichnen seine Schraffur.

Der Einstieg am Beach: Extrem! Nicht »Bibibib«, sondern »Bam«! Du musst sofort präsent sein.

Mürschberger klettert der Sonne entgegen. Geschmeidig und elegant. Der Schwung der letzten Bewegung fließt in die nächste. Es sieht einfach aus. Gravitation? War da was? Geschlagen! Die Kletterschuhe lösen sich vom Fels, fliegen frei über dem Fluss. Lässiger Klimmzug, ein Bild für die Galerie. Für einen Moment. Dann zerrt die alte Urkraft wieder, so wie sie an jedem und allem zerrt. Die Muskeln leisten Widerstand, der Schweiß schießt aus allen Poren. Der ganze Körper rollt sich zusammen wie eine gespannte Feder und schleudert blitzartig nach oben. Vorneweg der rechte Mittelfinger. Sein Ziel: ein Einfingerloch, so groß wie ein halber Kronkorken. Mürschberger hat jede Mikrobewegung dieses Zugs gespeichert. Er träumt nachts davon. Man kann ihn aus dem Bett klingeln und er tanzt im Halbschlaf die komplette Choreografie. Seit Monaten träumt er, tanzt er. Und kämpft. Der halbe Kronkorken ist das Problem. Es muss alles stimmen. Zigmal hing er schon an dieser Stelle und rutschte ab.

Das geht nicht beliebig oft. Der fränkische Fels beißt. Manche Griffe sind scharf wie Haifischzähne. Kleine Cuts (Risse) in den Fingern kittet Mürschberger mit Sekundenkleber. Wenn aber die Haut so zerfetzt ist, dass Blut fließt, ist nichts mehr zu reparieren.

Der fränkische Fels beißt. Manche Griffe sind scharf wie Haifischzähne.

JEDER FELS ERZÄHLT EINE GESCHICHTE VON RAUHEIT, URGEWALT UND MYTHOS.

Zwei Wochen Zwangspause. Mürschberger muss leiden können. Und er muss warten können – auf den perfekten Moment. Noch fehlt der letzte Kniff, die Zauberformel für den Zug aus dem Überhang in die Vertikale. Den Einstieg der Route markierte er mit einem kleinen, schwarzen »P«. Der Buchstabe »P« steht für Projekt. Projekte sind in Arbeit und bis zu ihrem Abschluss für andere tabu. Allein der Erschließer darf es zu Ende bouldern. Mürschberger taufte sein Projekt »Körperkult«. Der Name ist Programm: Freier Fels und freier Körper gehören für ihn zusammen. Am liebsten klettert er ohne T-Shirt. Als er einmal in der Nachbarroute hing, kam ein Damenwanderclub am Fuß des Felsens vorbei. Und war entsetzt: »Ein nackter Mann!« Mürschberger, der Nackte, taufte die Route »FKK«. Ein pfiffiger Name ist wichtig. Ein Gag, ein Kniff, ein Lebensgefühl. Irgendetwas davon muss drin sein. Die Routen am Beach: Muscle Beach, Shark Biscuit, Ballerman, Baywatch, Bademeister, Badelatschenboulder. Und Riff-Raff nach dem legendären AC/DC-Song. Viele Boulder beginnen mit einem Sitzstart. In den Startgriff von »Proud Trout« muss man dagegen hineinspringen. Mürschberger benannte die Route nach einer Forelle, die er aus der Pegnitz hüpfen sah. Sämtliche Einstiege liegen direkt am

Ufersaum. Die Boulderlinien verlaufen in Absprunghöhe. Ein Crashpad fängt Stürze ab. Oder ein Partner, der mit den Händen »spottet«. Mürschberger: »Du brauchst nicht viel: Kletterschuhe an den Füßen, Magnesia an den Fingern. T-Shirt runter. Los geht's!«

»Die Einstiegsüberhänge am Beach sind extrem! Nicht ›Bibibib‹, sondern ›Bam‹! Du musst sofort präsent sein.« Der markante Fels ist das Werk des Flusses. Ohne Wasser gäbe es die Frankenalb nicht. Sie entstand einst im Jurameer aus Schwamm- und Korallenriffen. Das Meer zog sich zurück. Bäche und Flüsse gruben sich ins Kalkgestein und schufen das typische Relief des Karsts. Dann kam der Mensch. Seine ersten Worte waren Einsilber für das Elementare: Fels und Fluss. Die gegensätzlichen Geschwister stehen für Beständigkeit und Bewegung, Ruhe und Dynamik. Sofort zwingt ein Fels dem Wasser eine neue Form der Bewegung auf, ganz langsam formt aber auch der Fluss den Fels. Kräftespiel bei Berührung: Tosen, Brechen, Branden. Die Halbhöhlen, an deren Decken Mürschberger wie ein Gecko klebt, sehen aus wie der Abdruck einer Brandung. Die »Pegnitz-Calanque« nennen einige diesen Talabschnitt in Anlehnung an einen besonders steilwandigen Küstenabschnitt an der Côte d'Azur. Da, wo sich Fels und Fluss berühren, verläuft heute ein Wanderpfad. Manche Kletterer stecken ihre Kinder in Schwimmwesten, aus Sorge, sie könnten beim Herumtollen in den Fluss rutschen. Früher wollte Mürschberger beides zugleich: hinaufklettern und dann von droben in

Du brauchst nicht viel: Kletterschuhe an den Füßen, Magnesia an den Fingern. T-Shirt runter. Los geht's!

die Pegnitz stechen. Cliffhanger – Cliffdiver. Problem: zu wenig Wasser für einen echten Sprung. Ein Kumpel fiel unfreiwillig in den Fluss, als er am »Bademeister« mit den Beinen zu kräftig ausholte. Der Sturz ging glimpflich aus. Nach einem heißen Tag kühlt sich Mürschberger gerne in der Pegnitz ab. Er liebt die einzigartige Kombi aus Fels und Fluss.

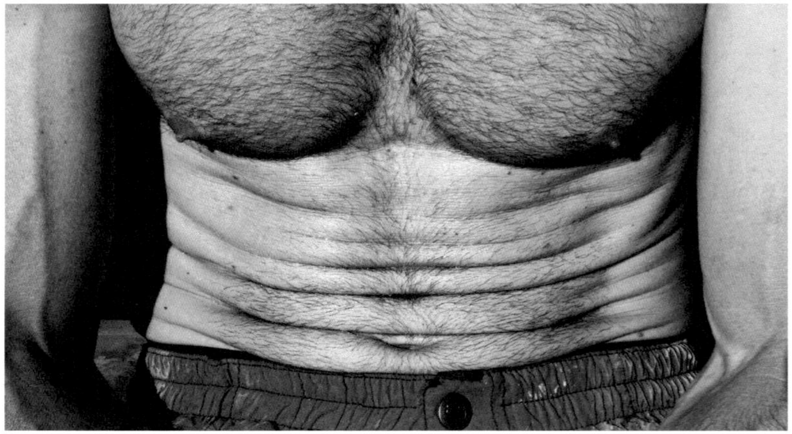

Als Local und Felspate kümmert er sich darum, dass die Routen kletterbar bleiben. Regelmäßig putzt er Griffe und Tritte oder sammelt Unrat vom Boden. Er weiß um das Konfliktpotenzial zwischen Kletterern und Naturschützern. Rücksicht ist ihm wichtig. Als das Schlangenäuglein, eine seltene Pflanze, am Fels gesichtet wurde, sperrte er sofort die betroffenen Routen. Er unterstützt den fränkischen Boulderappell. In diesem verpflichtet sich die Kletterszene, nur die klassischen Seilrouten zu veröffentlichen, nicht aber die Boulderspots. Bloß kein Kommerz, unberührte Felsen sollen auch weiterhin ihre Ruhe haben. Wer Tipps bekommen will, muss Insider wie Mürschberger kontaktieren. Mürschberger möchte auch mit den Anwohnern klarkommen. Mit den Besitzern der nahen Veldener Mühle ist er befreundet. Als er einmal stundenlang den Fels putzte, schaute ihm die Oma der Müllersfamilie zu und lobte ihn als »Arbeiter im Fels«. Für Mürschberger war das eine große Ehre. »Es gibt aber auch Leute, für die sind wir Spinner. Ein bisschen recht haben sie schon. Extremklettern hat immer etwas Exzentrisches, Manisches. Du kannst abdriften und den Bezug zum normalen Leben verlieren.« Mürschberger klettert im oberen Level bis Schwierigkeitsgrad 10+. Er weiß, wie getrieben er sein kann, wenn sich alles um ein Boulderproblem dreht. Es ist ein Spagat zwischen Leidenschaft und dem Alltag aus Familie und Beruf. Mit der Zeit wandelte sich der Spagat in eine stabile Balance. Die Leidenschaft blieb.

Fast jedes Wochenende ist Mürschberger im Frankenjura. Er klettert im fünfundzwanzigsten Jahr. Hunderte von Routen hat er erstbegangen. Routine? Jedes neue Boulderprojekt hat seinen Zauber: »Es ist geil, einen neuen Felsen zu finden. Da bin nur ich und der Fels. Ich muss mich auf ihn einlassen. Muss ihn spüren. Ihn hören. Jeder Fels erzählt eine Geschichte von Rauheit, Urgewalt und Mythos. Es braucht Zeit, bis ich verstehe. Ich beginne, eine Linie auszutüfteln: quer, diagonal, kopfüber. Ich bin dabei vollkommen frei und reife am Felsen Zug um Zug. Wochen, Monate, Jahre vergehen. Ich komme immer wieder. Und dann, irgendwann, kann ich alle Züge an einem Stück klettern.« Ein Freund fragte Mürschberger, ob er nicht davon träumte, einmal in die Weltspitze des Boulderns vorzustoßen. »Nein«, entgegnete Mürschberger schlicht. Der Freund war verblüfft. Keine Ambitionen? Den Schwierigkeitsgrad noch weiter toppen? Aufstieg von der Boulder-Oberliga in die Champions League? »Es geht mir nicht darum, alles zu erreichen. Wenn ich meine Grenzen spüre, ist das okay. Klettern ist Leidenschaft, Herausforderung und auch Scheitern. Scheitern kann ein Gewinn sein. Aus der Route fallen mit einem Lächeln. Das ist es. Nach fünfundzwanzig Jahren bin ich angekommen. Ich glaube, dieses Jahr ist mein bestes Kletterjahr«.

PEGNITZPERLEN
Wo es schön ist

VELDEN VON OBEN

»Der Beach hat für mich etwas Lebendiges und Spirituelles: das unablässig rauschende Mühlrad, der Holzsteg und der Fels. Manchmal sitze ich einfach nur da und schweige. Dann geht es wieder in die Wand. Mein Tipp: Wer nicht klettern will, kommt auf einer Eisenstiege hinauf. Man trifft droben auf einen nicht ganz schwindelfreien Pfad, mit einem tollen Ausblick auf Velden und den Beach. Besonders gut gefällt es mir dort im Morgenlicht.«

MICHAEL MÜRSCHBERGER

Albert, Güllich, Flipper: Kletterkult im Frankenjura

Der Rabenfels ist schon lange Kult: Tonscherbenfunde weisen den imposanten Felsturm als heiligen Ort der Vorgeschichte aus. Und sie sind ein Beleg dafür, dass schon recht früh im Frankenjura geklettert wurde. Der Anstieg auf der Bergseite hat immerhin Schwierigkeitsgrad 3. Zur Talseite fällt der zwei Kilometer von der Pegnitz entfernte Fels allerdings schroff, nahezu senkrecht ab: Schwierigkeitsgrad 10+*. Die Route galt unter dem Namen »Ghettoblaster« lange Zeit als die schwierigste Deutschlands. Kletterlegende Wolfgang Güllich knackte sie 1986. Schon ab dem 19. Jahrhundert kamen viele Freizeitkletterer in den Frankenjura. Beliebtes Ziel für die Nürnberger Kletterklientel war das Pegnitztal. Die dortigen Felsen waren durch die Bahnstrecke gut erreichbar. Nürnberg galt zeitweise als »Bergsteigerstadt«. Es entwickelte sich ein verbissener Wettbewerb der Erstbesteigungen. Felsturm um Felsturm wurde bezwungen. Technik und Sicherung verbesserten sich stetig, das Grundprinzip blieb dasselbe: Hinaufkommen um jeden Preis, mit Hilfsmitteln wie Haken, Leitern, Trittschlingen. Die Kletterer konnten mit ihrer Ausrüstung zwar immer kniffligere Routen angehen, berührten dabei aber kaum noch den Fels. Viele langweilten sich. In den Siebzigern begann eine neue Ära: das Sportklettern. Man wollte wieder den Fels spüren und die eigene Kraft. Technische Hilfen waren verpönt, Seil und Haken dienten nur noch zur Sicherung. Im Frankenjura erfand Kurt Albert das Rotpunkt-Klettern. Um Albert versammelte sich eine Gruppe junger Wilder und trieb den neuen Kletterstil voran.

In den Achtzigerjahren wurde der Frankenjura zum Nabel der Sportkletterwelt. Wolfgang Güllich markierte 1991 mit einer Erstbegehung im 11. Schwierigkeitsgrad den Höhepunkt einer goldenen Dekade. »Action Directe« an einem Felsen im Wald bei Neuhaus an der Pegnitz war damals die schwerste gekletterte Route der Welt. Güllich kam ein Jahr später bei einem Autounfall ums Leben, sein Freund Kurt Albert starb 2010 nach einem Absturz am Höhenglücksteig in der Hersbrucker Schweiz. Genauso wie die beiden prägte auch Wolfgang »Flipper« Fietz den internationalen Klettersport. Bereits in den Siebzigerjahren entwickelte er seinen eigenen, schrägen Stil. »Du wirst mal der beste Kletterer der Welt«, prophezeite ihm ein Bekannter, »aber nur einen Meter über dem Boden.« Flipper boulderte, nur kannte das Wort damals noch keiner. Erst eine Generation später sollte das Bouldern als neuer Klettertrend wuchtig im Frankenjura Einzug halten. Flipper war ein Visionär und seiner Zeit weit voraus.

**Die angegebenen Schwierigkeitsgrade beziehen sich auf die UIAA-Skala. 10+ entspricht zum Beispiel Schwierigkeit 8a in der Fb-Boulderskala.*

Wolfgang Güllich und Kurt Albert

DIE MÜHLE UND DER ZIRKUSWAGEN

TOM RICHTER
Geselle

Vorbei ist die große Zeit der Mühlen am Harnbach. Die Kraft des Wassers machte die Müller einst reich. Das Mühlrad der Harnbachmühle drehte sich unermüdlich über Jahrhunderte. Jetzt steht es still und die Mühle verfällt. Sie ist unrettbar verloren. Zugleich erwacht neues Leben. Ein Verein erwarb das Gelände und ein junger Mann wohnt nun dort. Es ist Tom. Zehn Jahre lang reiste er durch die Welt. Nun ist er angekommen. Fürs Erste. Toms Hütte hat Räder. Es ist ein alter Zirkuswagen.

ICH HABE ZEIT
ZUM NACHDENKEN
UND STAUNEN.

Der Harnbach ist nur ein paar hundert Meter lang, bevor er in die Pegnitz rauscht. Gefälle und Wassermenge sind ausreichend, um zwei Mühlen anzutreiben. Die Griesmühle liegt am Talende in der Nähe eines Wasserfalls, verborgen zwischen bewaldeten Berghängen. Schon seit über tausend Jahren steht an diesem gottverlassenen Ort eine Mühle. Nürnberg wird erstmalig im Jahr 1050 urkundlich erwähnt, die Griesmühle bereits im Jahr 976. Das jetzige Gebäude stammt aus dem 16. Jahrhundert. Die Mühle, die zu den ältesten in Franken zählt, ist längst nicht mehr in Betrieb, aber der letzte Nachkomme der Müllerfamilie wohnt hier noch. Er ist autark: Eine Turbine erzeugt den Strom, geheizt wird mit Holz, das Trinkwasser kommt aus einer Quelle.

In der Einöde Harnbachmühle weiter unten, kurz vor der Pegnitz, wohnt niemand mehr. Das wäre zu gefährlich, denn die Mühle ist gerade dabei auseinanderzufallen. Der Denkmalschutz hat sie längst aufgegeben. Durch das aufgerissene Dach regnet es. Fensterscheiben sind zerbrochen, die Dielen im ersten Stock vom Holzwurm zerfressen. In den Zimmern blättern kunstvoll bemalte Putzschichten wie Jahresringe von der Wand. Die Mahlstube, einst das pulsierende Herz des Hauses, ist nur noch traurige Reminiszenz: Berge von Schrauben, spinnverwebte Mahlsteine, Rost auf Zahnrädern und Walzenstuhl. Staub auf Bändern und Becherwerk. Einst war die Mühle ein prächtiges Gebäude und der Müller ein reicher Mann. Zum Besitz gehörten über zwanzig Hektar Wald, Wiesen und Felder. Bis Anfang des 20. Jahrhunderts liefen die Geschäfte, dann ging es bergab. 1925 ersetzte man den klassischen Steinmahlgang durch einen modernen Walzenstuhl, der bis in die 1980er-Jahre zum Einsatz kam. Dann war Schluss. Wohnten 1875 noch ein Dutzend Menschen in dem stattlichen Anwesen samt Nebengebäuden, waren es am Ende nur noch die alte Müllerin und ihr Mann. Dieser soll etwas seltsam gewesen sein. Er untersagte alle Ausbesserungsarbeiten, die Mühle verfiel zusehends und die Zufahrtsbrücke wurde morsch. Die Folge: Ein Lieferwagen war zu schwer, brach durch die Brücke und versank im Fluss. Die Müllerin starb 1996 kinderlos, bald darauf ihr Mann. Eine Ära ging zu Ende, Angehörige verkauften das Areal. Nach ein paar Jahren zogen junge Leute ins Gesindehaus, suchten dort das alternative Leben. Der Hersbrucker Marcus Seitz klopfte drei Tage lang den Kalksinter von den Schaufeln des blockierten Wasserrads. »Fa, fa, fa«, es bewegte sich – ein Atemzug, ein Seufzer. Letztes Kapitel in einer wechselvollen Geschichte: Das Rad ächzte 2011 ein letztes Mal.

Die Harnbachmühle wurde vom Denkmalschutz längst aufgegeben.

Zwischen Frost und Wärme spüre ich mich. Genau das macht das Leben aus.

Die Mühle hat Flair. Auch im Verfall hat sie Flair. Und sie hat etwas Unheimliches. Der Müller der Harnbachmühle wollte in einer rauen Winternacht des Jahres 1829 das Mühlrad enteisen. Er rutschte ab und kam in der Radstube zu Tode. Abgeschiedenheit und manche Eigenart der Bewohner bereiteten das Milieu für düstere Dramen. Im mehrfach verfilmten Roman »Via Mala« endet ein solches Drama im Vatermord. Das Geschehen spielt in der Schweiz, am Oberrhein, historisch belegte Vorlage war indes ein Mord in

ICH BIN FREI UND HABE ALLES, WAS ICH BRAUCHE.

der Obermühle im Sittenbachtal, einem Seitental des Pegnitztals. In der vier Kilometer entfernten Griesmühle soll es spuken: »Die Kunerl geht um«, raunt man sich dort zu, wenn etwas Unerklärliches geschieht. Hintergrund des Spuks ist der tödliche Unfall eines Kindes, des Kunerls, das im Mahlgang der Mühle ums Leben kam. Schon immer kursierten Gerüchte und fantasiereiche Geschichten über das Leben in den Mühlen. Stimmt's? Stimmt's nicht? Wer weiß? Vielleicht die murmelnden Bäche? Tom Richter sitzt an seinem Lieblingsplatz, vor seinem Wohnwagen am Rand eines kleinen Wiesen-Deltas zwischen Mühlbach und Harnbach. Er lauscht. Es klingt, als würden sich die beiden Bäche gerade über seinen Kopf hinweg unterhalten. Toms Blick wandert zum altersschwachen Mühlrad, dem selbst das quicklebendige Wasser kein Leben mehr einhauchen kann. Dieses alte Rad steht endgültig still.

Tom ist jung. Und Tom ist Schreinergeselle. Geselle, das ist für ihn mehr als ein Beruf. Es ist Lebensgefühl und Berufung: »Ich empfinde es als zutiefst befriedigend, mit meinen Händen Dinge zu schaffen, die mir und meinen Mitmenschen das Leben erleichtern. Wir Gesellen halten das große Rad der Menschheit am Laufen. Auch Jesus war Geselle.« Tom war viele Jahre auf der Walz. Das Unterwegssein ohne großes Geld hat aus ihm einen freien Mann gemacht. Irgendwann beschloss er, wieder sesshaft zu werden.

Ganz bewusst und aus freien Stücken. Seine Verortung ist ein behaglicher Zirkuswagen, den er günstig bei einem Wanderzirkus erwarb. Tom baute den Wagen nach eigenen Bedürfnissen um. Der Innenraum ist zweigeteilt in einen Schlaf- und einen Wohnbereich. Dazwischen eine ausgetüftelte Schiebetür, deren beider Flügel über einen Seilzug verbunden sind. Alles ist aus Holz. Als Tisch holte er sich eine urtümliche Eichenplatte aus der verfallenden Mühle.

»Mir fehlt es an nichts. Ich habe hier alles, was ich zum Leben brauche.« Ein bisschen Minimalismus, Verzicht und Nachhaltigkeit sind hip. Bei Tom ist es mehr als »ein bisschen«. Er besitzt keinen Fernseher, keinen Computer, kein Smartphone und er hat kein Internet. Leben unplugged! Nur ein Radio nutzt er, stoppt den Suchlauf meist bei einem Klassiksender. Früher hätte man jemanden wie ihn einen Eremiten genannt, später einen Aussteiger oder Hippie. Tom will sich in keine Schublade stecken lassen und es ist ihm egal, ob sein Lebensstil gerade in oder out ist. »Ich lebe so, weil ich es selbst so will. Ich will unabhängig sein.« Er wuchs in der Nähe von Stuttgart auf und tourte zehn Jahre durch die Welt. Als leidenschaftlicher Kletterer wohnte er zunächst im VW-Bus, immer unterwegs auf der Suche nach dem nächsten Kletterkick. Dann war er für sieben Jahre auf der Walz, besuchte Länder vom Balkan bis nach Afrika. Überall erlebte er menschliche Herzlichkeit. Im Sommer 2010 verschlug es ihn an die Pegnitz. Dort bauten über hundert Wandergesellen die Scheune der Harnbachmühle wieder auf. Sie verzichteten bei dem Projekt des Vereins »Mühlenkraft e.V.« auf ihren Lohn. Der Verein erwarb das Areal 2009, mit dem Ziel, es zu einer Begegnungsstätte für Behinderte und Nichtbehinderte auszubauen. Menschen sollen in Naturnähe zueinander finden. Jeder Balken der originalgetreuen Fachwerkscheune ging während des Baus durch Toms Hände. Der Verein suchte anschließend jemanden, der sich um das Gelände kümmert. Tom sagte zu: »Es war Zeit für einen neuen Abschnitt in meinem Leben. Mittlerweile fühle ich mich hier daheim. Ich glaube, das liegt an der Landschaft und den Menschen.«

Tom wohnt halb drinnen und halb draußen. Egal, wie das Wetter ist: Will er sich Suppe oder Tee kochen, muss er ins Freie, denn der Gaskocher steht vor der Tür unter einem Vordach. Bis vor Kurzem musste er im Winter frisches Wasser von der Quelle bei der

IN DER HARNBACHMÜHLE

Mahl- und Schrotlöhne

Griesmühle holen. Inzwischen verlegte er beheizbare Leitungen, in denen das Wasser nicht gefriert. Jetzt sind es nur noch ein paar Schritte durch die Kälte bis zum Wasserhahn. Komfort? Sicher nicht. Auch die Wärme wird nicht frei Haus geliefert. Wenn er es bei minus zwanzig Grad nicht mehr aushält, dann muss er mitten in der Nacht raus, Holz hacken und den Ofen anschüren. »In solchen Momenten zwischen Frost und Wärme spüre ich mich. Das ist genau das, was das Leben ausmacht.« Im Winter ist es ruhig um die Mühle. Nur ein paar junge Füchse tollen im Schnee und Toms Katze ist auf der Jagd nach Mäusen. Tom liebt die Stille und Einsamkeit. Er mag die frostigen Tage, an denen von der Pegnitz Dampf aufsteigt, durch den die Sonne bricht. Und er liebt die Sommer, in denen viel los ist. Kindergruppen übernachten in Zelten, am Wochenende betreibt »Mühlenkraft e.V.« einen Kiosk für Ausflügler. Wenn es schwül ist, springt Tom in die Pegnitz. Der Fluss, der Bach, die Mühle und die Natur: Für ihn passt alles hier, auch der Job. Zwei Wochen im Monat arbeitet er im nahen Münzinghof. Dort betreut er Behinderte in einer Schreinerei. Die restlichen Tage hat er frei. »Ich brauche nicht viel Geld. Lieber arbeite ich weniger und habe Zeit für anderes. Ich lese viel, gehe Klettern und arbeite hier auf dem Gelände. Ich treffe mich gerne mit Freunden und unterstütze sie.«

Wenn er unterwegs ist, dann ist er achtsam, hat einen besonderen Blick auf die Umgebung. Die Felsen regen seine Fantasie an, sie sehen aus wie Pilze, Tiere oder Fabelwesen. Und der Wald ist ein Märchenwald. Staunen kann er auch über manch menschlichen Eingriff in die Landschaft: Der Mühlbach ist mehrere hundert Meter lang. Sein Gefälle ist konstant. »Damals gab es keinen Laser zur Vermessung. Abgefahren, oder?« Tom war unterwegs und ist nun angekommen. Vielleicht zieht er irgendwann wieder los.

Mit dem Zirkuswagen. Wer weiß? Ein Leben wie ein Fluss. Manchmal ungestüm und dann wieder wie ein stilles Wasser. Sein Lieblingsort ist der »Rote Fels«. Hier kann er ungestüm sein und still zugleich. Er klettert hinauf, seilt sich ab und »knallt« wieder hoch. Und dann, wenn er sich ausgepowert hat, lässt er sich droben ins Moos fallen und schaut hinunter ins Tal: »Ich mag es, wenn tief unter mir die Züge durch die Tunnel rattern. Die Ausgesetztheit, der Wind, das Glitzern des Flusses. Boah, ist das geil hier! Das ist Freiheit! Fels und Freiheit!«

Nachtrag: Ein paar Wochen nach dem Besuch bei Tom hörte er eines Mittags einen Riesenrums. Das Dach der Mühle und die Mauern des oberen Stockwerks waren nun vollends eingebrochen. Die Ruine wurde 2017 von Baggern abgetragen. Die Harnbachmühle ist Geschichte und lebendig zugleich: Neben den auf dem Gelände bereits laufenden Aktivitäten plant »Mühlenkraft e.V.« ein Bildungshaus mit Gastronomie für Menschen mit und ohne Behinderung.

DIE VERANDA

»Ich sitze am liebsten auf der Veranda vor meinem Zirkuswagen. Zu meiner Linken plätschert der Mühlbach, zu meiner Rechten liegt der Wiesengrund des Harnbachtals. Und vor mir kann ich die Pegnitz fließen sehen. Manchmal huscht ein Kanu vorbei oder ein Wanderer läuft auf dem Weg am Fluss entlang. Nachts bin ich allein. Über mir funkeln die Sterne.«

TOM RICHTER

ALLZEIT »BEECHWIRD«

PETRA BRUNNER
Pechwirtin

Der »Pechwirt« ist Teil der Geschichte des wunderschönen Landstrichs rund um Artelshofen an der Pegnitz. Das Traditionswirtshaus ist eine Institution. Wie schafft man es, dem Niedergang des typisch fränkischen Dorfgasthauses erfolgreich zu widerstehen? Was ist das Geheimrezept? Vielleicht hat es in diesem Fall mit den Menschen zu tun, die hier leben und arbeiten. Petra Brunner ist die Chefin. Unterstützt wird sie von ihrem Vater und vielen Helferinnen und Helfern, die sie »meine Engel« nennt.

ICH BIN WIRTIN
MIT LEIB UND SEELE.

Sonntagnachmittag in der Wirtsstube: Der große Ansturm ist vorbei, es geht beschaulich zu. Ein Pärchen turtelt bei Kaffee und Kuchen, am Tisch in der Ecke sitzt, umschwirrt von einer Fliegenwolke, ein Einheimischer. Er meditiert gerade in einer fränkischen Variante des Qigong: Die bedächtige Grundhaltung besteht aus kreisenden Bewegungen, ausgeführt mit der Hand über der Tischplatte. Nach etlichen Umdrehungen, vermutlich bereits im Zustand der Transzendenz, schlägt er plötzlich die Handfläche wie eine Peitsche auf den Tisch. Das Fliegen-Nirwana freut sich über einen Neuzugang und der fränkische Ninja gönnt sich einen Schluck Belohnungs-Bier. Hinter ihm, an der Wand, Erinnerungen aus der Wirtshausgeschichte: eine Urkunde über sieben auf einen Streich erlegte Fliegen fehlt, dafür zeugen die Schießscheiben des Schützenvereins von vergangenen Rekorden. Dazwischen alte Hausansichten, Fotos von Stammgästen, eine Tafel mit den Konterfeis der Mitglieder des Männergesangvereins »Eintracht 1904 Artelshofen« und allerhand Stammtischulkereien. Auf dem Kachelofen ein martialisches Foto: ein Mann mit einem Messer zwischen den Zähnen. Es ist nicht Mackie Messer, sondern der Wirt in Ausübung seines Metzgerhandwerks. Ich bin mir nicht sicher, ob ich ihm an diesem friedlichen, dösigen Nachmittag unbewaffnet begegnen will. Die Tür öffnet sich und herein kommt – ich atme auf – nicht der Wirt, sondern eine Gruppe von vier Burschen aus dem Ort. Sie flachsen mit der jungen Bedienung: »Heute nur ein Wasser!« »Abgestanden oder frisch aus der Pegnitz?« Man kennt sich. Es wirkt wie aus der Zeit gefallen, dass sich Sechzehnjährige an einen Stammtisch verirren, zum Chillen und Reden, ganz ohne WhatsApp, Snapchat, Instagram und wie sie alle heißen. Dieses Wirtshaus hat Geschichte und Zukunft zugleich.

Mein Vater greift mir unter die Arme. Ohne ihn würde ich es nicht schaffen. Und dann habe ich noch meine Engel.

Draußen im Flur, neben dem Eingang, steht ein großer Tisch. Dort hat sich die ganze Pechwirt-Familie versammelt und isst zu Mittag. Sonntags um vier! Sie nutzen die kurze Pause zwischen Mittags- und Abend-Kundschaft. »Und selbst das ist Luxus«, sagt Petra Brunner. »Oft fehlt sogar dafür die Zeit.« Sie ist die Chefin und Pechwirtin. Ihr Vater Erhard »Hartl« Brunner sitzt neben ihr. Ohne Messer zwischen den Zähnen hat er seinen Schrecken verloren. Es stellt sich heraus, dass er ein netter, umgänglicher Kerl ist, bekannt und

In der Gemeinde gab es 1970 fünfzehn Gastronomiebetriebe, heute sind es nur noch fünf.

Burgis

WIRTIN GEHT NUR MIT HERZBLUT. ICH MÖCHTE DIESES LEBEN UM NICHTS IN DER WELT MISSEN.

beliebt im ganzen Umkreis. Petra Brunner übernahm den Betrieb 2012. »Mein Vater greift mir noch unter die Arme. Ohne ihn würde es nicht gehen. Und dann habe ich noch meine Engel.« Das sind die freundlichen Bedienungen und Küchenhilfen. Sie gehören mit zur Pechwirt-Familie. Wenn die Bude voll ist, dann muss im Team alles wie am Schnürchen laufen. Und die Bude ist oft voll. Neben einheimischen Stammgästen kommen viele Ausflügler: Wanderer, Radfahrer, Kanuten und Kletterer. Der Pechwirt ist bekannt im ganzen Pegnitztal, ganz ohne Werbung. Die Gäste sind zufrieden, kommen wieder und bringen andere Leute mit. Der freundliche Service spielt eine große Rolle und die gute, preiswerte fränkische Küche: Bratwürste, Schäufela, Karpfen. Bei den Portionen wird nicht gegeizt. Sollte das Schäufela zu klein ausfallen, wird der Tellerrand eben noch mit einer Scheibe Schweinebraten dekoriert. Einmal in der Woche gibt es Schlachtschüssel.

Petra Brunner und ihr Vater bieten einem Langzeittrend erfolgreich Paroli: dem Aussterben der Dorfgaststätten. In der Gemeinde Vorra, zu der Artelshofen gehört, gab es 1970 fünfzehn Gastronomiebetriebe, heute sind es nur noch fünf. Die Universität Eichstätt ermittelte

2013 in einer Studie mehrere Ursachen, zum Beispiel ein geändertes Freizeitverhalten oder den Bevölkerungsschwund auf dem Land. Petra Brunner sieht auch ein Nachfolge-Problem: Kann der Wirt nicht mehr, dann macht das Wirtshaus dicht. Für sie selbst war schon immer klar, dass sie den Betrieb ihres Vaters fortführen wollte. Sie wuchs in der Wirtsstube auf. Hier machte sie als kleines Kind nachmittags Hausaufgaben und servierte danach Getränke. »Ich bin Wirtin mit Leib und Seele, mit Herzblut. Ich möchte dieses Leben um nichts in der Welt missen.«

Zu ihrem Leben gehören auch die kleinen Alltagsfluchten abseits des Wirtshausrummels. Sie liebt die Stille im Pegnitztal, etwa im späten Sommer, wenn ein Nebelschleier über Fluss und Wiesen liegt: das erste Mal ein Hauch von Herbst. In der Kindheit war sie oft draußen, lernte im Fluss Schwimmen: »Über Wasserqualität dachten wir nicht nach, Landkinder sind hart.« Das Wehr der Artelshofener Mühle war beliebter Abenteuerspielplatz. Heute steigen die Kanuten hier aus, um ihre Boote zu umtragen. Manch einer bemerkt bei der Gelegenheit, dass er Hunger und Durst hat, und kehrt gleich beim Pechwirt ein. Vor fünfzehn Jahren kamen Auswärtige noch eher selten vorbei. Nach und nach wurde das Wirtshaus vergrößert. »Das alles ohne Businessplan?«, frage ich. »Ganz ohne Businessplan«, schmunzelt die Pechwirtin.

Warum viele Wirtshäuser schließen? Manchmal findet sich kein Nachfolger.

Als bei einer Renovierung die alten Holzdecken freigelegt wurden, fand man auf ihnen Pechreste. Eine kleine Reminiszenz an die Geschichte des Hauses. Früher wurden hier die Bierfässer der Schlossbrauerei ausgepecht. Daher auch der Name »Pechwirt«. Um vom Wirtshaus zum Schloss zu gelangen, muss man über die Pegnitzbrücke. Diese wurde in der Vergangenheit häufig durch Hochwasser zerstört und war nur ein filigranes Band zwischen den Ortsteilen beidseitig des Flusses. Bis 1962 wurde offiziell unterschieden zwischen Unterartelshofen (rechts der Pegnitz) und Oberartelshofen (links der Pegnitz). Oberartelshofen und damit auch der Pechwirt waren lange Zeit dem bairischen Pflegamt Hartenstein unterstellt, Unterartelshofen dagegen dem Nürnberger Pflegamt Velden. Immer wieder kam es zu Scharmützeln zwischen beiden Gebietsherren, in die auch das Wirtshaus verwickelt war. Anno 1720 bot das Anbringen eines simplen Wirtshausschildes Anlass für ein jahrelanges Gezänk. Und 1590 gab es Zwist, als der Nürnberger Pfleger neue Grenzsteine setzte. Die Chronik berichtet von einer resoluten Pechwirtin, die darüber schimpfte und die hoheitlichen Steine wieder aus dem Boden riss. Die starken Pechwirtinnen haben offenbar Tradition. Sollte man angesichts dieser erdrückenden historischen Faktenlage nicht den Namen des Gasthauses ändern in »Zur Pechwirtin«?, frage ich schnippisch. »Nein!«, lacht Petra Brunner. »Allzeit Beechwird. Das bleibt so.« Was für gut befunden, soll so bleiben. So ist es auch mit der »Kirwa« (Kirchweih) in Artelshofen. Sie wird seit Urzeiten an der Pegnitz vor dem Pechwirt »ausgegraben«.

»Heit tanz mer um an Kirwabam,
heit tanz mer um as Foß,
heit tanz mer um as Foß,
heit tanz mer um as Foß …

Ich wollt, ich wär beim Pechwirt drin
und hätt a Fässl Pils …
Und wenn mei Leber nemma ko,
nou saffe auf die Milz …

Ich wollt, ich wär beim Pechwirt drin
und hätt an Sock full Staa …
Ich werfert, wos ich werfn kennt,
die Madla auf die Baa …«

Ein Festzelt ist nicht nötig. Die Artelshofener haben ja ihr Wirtshaus. Und wenn der Baum ausgetanzt und die Kirwa wieder bis zum nächsten Jahr vergraben ist, dann wird es auch beim Pechwirt ruhiger. Unten in der Wirtsstube sitzen ein paar ältere Herren. Einer von ihnen hat von zu Hause aus fünfhundert Meter mit dem Gehwägelchen zurückgelegt. »Ohne Wirtshaus wüsste ich nicht, was ich machen sollte«, sagt er. Auch für den Schützenverein sähe es schlecht aus. Die Schützen richteten sich unterm Dach einen Schießstand ein. Aber gerade schießt niemand und es ist still. Wir stehen in den Gasträumen des ersten Stocks. Hier war früher der Tanzboden und es ging hoch her. Viele Ehen hätte es auf dem Land ohne den ersten Tanzflirt nie gegeben. Petra Brunner führt mich in ein Nebenzimmer. Die Wände sind leer, nur ein einziges großes Foto hängt im Halbdunkel an der Wand. Brunner, die mit acht Jahren ihre Mutter verlor, knipst einen kleinen Scheinwerfer an und deutet auf das Bild: »Das ist meine Oma. Sie wohnte hier, in diesem Zimmer. Ich werde immer an sie denken, mein ganzes Leben lang.« Für einen Moment hält sie inne, die Zeit steht. Dann ist aus der Küche Geschirrgeklapper zu hören. »Ich muss in die Wirtsstube«, sagt sie. »Die ersten Abendgäste kommen.«

IM KANU AUF DER PEGNITZ

»Meine Leidenschaft sind Pferde. Am liebsten sitze ich im Sattel und reite querfeldein. Wenn ich der Pegnitz nahe sein will, dann setze ich mich ins Kanu und folge ihrem Lauf. Der Tagestour-Klassiker beginnt oberhalb von Lungsdorf und endet bei Eschenbach. Der Fluss bietet viel Abwechslung, von spritzig bis still. Hinter jeder Kurve gibt es Neues zu entdecken, fast schon Wildwasserqualitäten hat der berüchtigte Düsselbacher Schwall. Mittags empfehle ich natürlich eine Einkehr beim Pechwirt. Und am Nachmittag bietet sich das Naturwehr bei Alfalter für eine erfrischende Rast an. Dort baumelt ein Seil an einem Baum, mit dem man sich ins Wasser schwingen kann wie Tarzan.«

PETRA BRUNNER

Mit dem Fluss auf Zeitreise

Wer der Pegnitz flussabwärts folgt, kann mit ihr Jahrmillionen in die Vergangenheit reisen. Je weiter unten im Tal, desto älter ist das Gestein der umgebenden Talränder. Ganz unten, im Nürnberger Becken, ist es der Burg-Sandstein des Mittleren Keupers, entstanden durch die Sandanschwemmung eines mächtiges Flusssystems vor mehr als zweihundert Millionen Jahren. Der tonige Feuerletten ist die oberste Keuperschicht. Er findet sich östlich von Nürnberg in talnahen Tieflagen etwa bis Ottensoos. Der Feuerletten bildete sich aus Ablagerungen von Fein- und Schwebstoffen, die als Verwitterungsprodukte von einem südlich gelegenen Gebirge, dem Vindelizischen Land, eingetragen wurden. Später breitete sich das tropische Jurameer über weite Teile Europas aus. Auch das heutige Pegnitz-Gebiet versank darin. Relikte dieses Meeres sind die Ton- und Sandsteine des Schwarz- und Braun-Juras. Die pittoreske und für die Frankenalb typische Fels-Szenerie, ungefähr ab dem »Pegnitzknie« bei Hohenstadt, hat ihren Ursprung im jüngeren Weißen Jura. Schwämme und Algen bauten Meeresriffe auf, aus den Kalkschalen abgestorbener Kleinstlebewesen bildeten sich am Meeresgrund erst Schlämme und dann daraus die Plattenkalke. Der Kalk wurde später zum Teil in harten Dolomit umkristallisiert. Ihre prägnante Gestalt erhielt die Alb erst mit dem Abzug des Jurameeres und der anschließenden Verkarstung. Wasser drang in das Gestein ein und löste Kalk und Dolomit auf. Es bildeten sich Klüfte, Hohlräume und markante Kletterfelsen, wie der weit sichtbare »Riffler« am Talhang bei Alfalter. Die Verkarstung schreitet noch immer voran und die Pegnitz ist in dieser Disziplin eine »Landschaftsgestalterin par excellence«: Zwischen Neuhaus und Rupprechtstegen hat sie einen romantischen Canyon erschaffen.

PEGNITZTAL BEI ALFALTER

DER FLUSS PACKT SEINE KOFFER

KARSTEN RECKZIEGEL
Bildhauer

Er lauscht dem Rauschen des Flusses und fühlt sich nicht allein. Die Pegnitz hat für ihn Seele, die Natur eine spirituelle Dimension. Karsten Reckziegel ist Bildhauer und gibt seinen Gedanken plastische Gestalt. Er will Schöpfer sein, aber nicht Herr über Holz und Stein. Die Stoffe, mit denen er arbeitet, haben ein Eigenleben und »machen mit«. Sie sind für den Künstler lebendig, wie der Fluss. Das Lebendige aber ist verletzlich. Wenn Holz oder Stein beherrscht werden, dann bleiben sie still. Wenn der Fluss gemaßregelt wird, dann packt er seine Koffer.

DER FLUSS IST EIN LEBENDIGES WESEN.

Sie lächelt. Eigentlich könnte sie es tun wegen der Schönheit des Ortes. Aber man hat das Gefühl, sie könnte an jedem anderen Ort genauso lächeln, und zu jeder anderen Zeit. Ihre Augenlider sind nach unten gezogen, aber nicht geschlossen. Sie blinzelt, der Kopf ist zur Seite gedreht, das lange Haar legt sich über ihren nackten Körper wie ein Fluss über die Landschaft. Vielleicht weiß sie um ihre geheimnisvolle Anmut, vielleicht auch nicht. Sie ruht in sich und lächelt, lächelt die ganze Zeit. Einst war die Schöne ein unscheinbarer Sandstein an einem Felshang über dem Main. Sie ruhte dort, im Fels verschlossen, schon eine Ewigkeit. Niemand konnte sie erkennen. Wie viel Liebe und Leidenschaft muss ein Bildhauer zu einem Stein empfinden, um aus ihm ein solches Kunstwerk Stück für Stück freizulegen?

Karsten Reckziegel gab seiner verführerischen Schönen den Namen »Wasserschlange«. Sie liegt lasziv am Ufer, wie eine Nixe, die eben aus der Pegnitz stieg. Bevor sie ihren Platz am Fluss fand, räkelte sie sich in Reckziegels Garten. »Ich hatte Bedenken, die Wasserschlange frei sichtbar in meinem Garten aufzustellen«, erinnert er sich. »Ich war neu zugezogen und befürchtete, die Dorfbewohner würden sich an dem Akt stören«. Es kam anders. Anlässlich der Einweihung der neu gestalteten Pegnitzinsel suchte die Gemeinde Kunstobjekte für eine Ausstellung. Auf Wunsch des Bürgermeisters sollte auch die Wasserschlange dabei sein. Gemeindearbeiter stellten einen Sockel auf, und so fand das Kunstwerk eine neue Heimat ganz nah am Fluss. Auf dem schmucken Inselareal stehen auch weitere Objekte aus Reckziegels Werkstatt. Eine Bank etwa, geschnitzt aus altem Eichenholz. Hin und wieder bekommt Reckziegel die Stämme geschichtsträchtiger Bäume geschenkt.

Der Strom ist das wahre Leben, der Tropfen darin nur eine Illusion.

Hutanger-Eichen zeugen von der Zeit, als Gemeindehirten in ihrem Schatten noch das Vieh hüteten. Unter mancher Dorflinde spielte sich das halbe Leben ab: ein erster Kuss und heimlicher Liebesschwur, Dorffunk und Gerüchteküche, geselliges Beisammensein und Tanz. Dem Bildhauer gefällt diese Nähe von Mensch und Natur. Bewusst entschied er sich 2007, aufs Land zu ziehen, zusammen mit seiner Frau Bettina, die auch Künstlerin ist. »Wir fühlen uns wohl in Vorra. Die Leute nahmen uns freundlich auf.« Die

Die Pegnitzinsel in Vorra wurde von der Gemeinde erworben und komplett neu gestaltet.

Neubürger revanchierten sich und organisierten einen Kunstwettbewerb zum tausendjährigen Ortsjubiläum. Bei den Vorbereitungen der Jubiläums-Feierlichkeiten half das ganze Dorf. Die beiden Künstler erlebten einen Zusammenhalt, wie sie ihn aus der Stadt nicht kannten. Reckziegel wohnte zuvor zwanzig Jahre in Nürnberg. Seine Kindheit verbrachte er in Wolfratshausen, wo er schon als kleiner Junge seine kreative Ader entdeckte. Zusammen mit dem Vater modellierte er Keramiken und sein Opa begeisterte ihn fürs Schnitzen. Nach seiner Ausbildung zum Maschinenschlosser studierte er an der Nürnberger Kunstakademie. Er beendete das Studium als Meisterschüler und machte sich als freischaffender Künstler selbstständig. Insgesamt sieben Mal zog er mit seinem Atelier in Nürnberg um, einen bleibenden Ort zur Entfaltung fand er in der Stadt nicht, dafür in Vorra. Zusammen mit seiner Frau kaufte er ein altes Haus mit angebautem Stall. In die schöne Landschaft und den Garten verliebten sie sich sofort. Der Garten liegt am Hang und bietet einen schönen Ausblick auf Tal und Dorf. Man fühlt sich dort wie auf den Rängen eines Amphitheaters. Der Fluss drunten wird zum Akteur und bespielt die Bühne. Zunächst still und schüchtern. Alsbald wird er übermütig und stürzt sich tosend ein Wehr hinunter.

»Die Pegnitz ist permanent präsent. Ich nehme ihr Rauschen ganz bewusst wahr und fühle mich ihr nahe, so nahe wie einem Menschen. Für mich ist der Fluss etwas Lebendiges.« Am Fuß des Wehrs werden Tropfen emporgeschleudert, drehen eine Pirouette, um kurz darauf wieder im Strom zu versinken. Ist diese kleine, einzigartige Pirouette das Lebendige? Eine Metapher für alles Leben, das entsteht und sogleich wieder vergeht? Reckziegel überlegt: »Für mich ist eher der Strom das wahre Leben. Und der Tropfen, der darin versinkt, nur eine Illusion. Mit ihr beschäftigen wir uns mit ganzer Kraft. Wir wollen ein einzelner Tropfen sein, kreisen um Familie, Besitz, Beruf und Ansehen und haben ständig Angst, dies alles zu verlieren. Es geht aber darum, loszulassen, zur Ruhe zu kommen, in die eigene Mitte und den Strom zurückzufinden.«

DER FLUSS IST VERLETZLICH. ER KANN VERTRIEBEN WERDEN.

Wir sitzen zusammen in der gemütlichen Wohnstube des alten Bauernhauses. Zur kontemplativen Stimmung tragen an diesem tristen Novembernachmittag Kaffee und Johannisbeerkuchen wesentlich bei. Die Beeren stammen aus Reckziegels Garten, in dem die Laufenten Aquata, Estrella und Parcival schnatternd und unermüdlich ihre Runden drehen. Drinnen schnurrt derweil Hauskatze Guinevere. Schläfrig streckt sie ihre Pfoten an ihrem Lieblingsplatz, dem Kachelofen. Von ihm strahlt wohlige Wärme aus. Auch der Ofen ist ein Kunstwerk. Die Motivkacheln gestaltete Reckziegels Frau. Bevor das Ehepaar den Ofen setzte, war die Küche der einzig beheizbare Raum. Nur schrittweise konnten beide das alte Haus renovieren. Ihr Leben als freischaffende Künstler hat eine Kehrseite: Es ist schlecht planbar, weder zeitlich noch finanziell. Reckziegel: »Künstler im Hauptberuf hält man nur aus, wenn man voll Leidenschaft ist. Bei mir ist das so. Ich kann nicht anders.« Damit er über die Runden kommt, muss er flexibel sein. Ist irgendwo eine Ausstellung geplant, auf der er ein Objekt präsentieren kann? Gibt es eine Ausschreibung, an der er teilnehmen kann? Rückschläge inbegriffen: Manchmal ist wochenlange Arbeit umsonst. Wenn er bei einem Wettbewerb nicht das Rennen macht, verdient er keinen Cent. Auftragsarbeiten sind einträglicher, eine gute Abstimmung mit dem Kunden vorausgesetzt. Manch einer betritt Reckziegels Atelier nur mit einer vagen Idee. Eine Skizze oder ein Modell helfen, die Idee konkret werden zu lassen. Bei der Umsetzung der Wünsche ist handwerkliche Präzision gefragt. Geht es einmal ins Holz oder den Stein, dann gilt: Was weg ist, ist weg. Ein Stück zu viel abgetragen und das ganze Werk ist in Frage gestellt. Reckziegel versucht in allen Arbeiten, seinem eigenen Stil treu zu bleiben. Ein Faible hat er für Figürlichkeit, menschlich oder menschenähnlich. Oft nimmt er fernöstliche Motive auf, wie Buddhas oder andere Tempelfiguren. Himmel und Erde, Ruhe und Bewegung, Geist und Körper: Er erzeugt Spannungen, spielt mit der Liaison von Gegensätzen und deutet darin ihre Einheit an. Alles ist vieles – alles ist eins. Einige seiner Figuren haben Flügel, werden so zum Mittler zwischen Himmel und Erde. Reckziegel will dem Betrachter eine positive Tendenz mit auf den Weg geben. Nur schön, anmutig und gefällig sollen seine Werke aber nicht sein. Manche Motive entspringen den nächtlichen Träumen des Künstlers. Das Ergebnis kann provozierend und irritierend sein. Um die Traumbilder nicht

Paginza

Flüsse bedeuteten unseren Vorfahren sehr viel. Die Namen, die sie den Flüssen gaben, sind voller Charakter und Lebendigkeit: der Rauschende, der Schöne, der Schnelle, der Starke, der sich Windende, der Wellenreiche, der Überflutende, der Tiefe, der Wilde. Der Fluss hatte etwas Heiliges. Die Römer verehrten etwa Danuvius und Rhenus als die Flussgottheiten von Donau und Rhein. Fluss und Gottheit hatten den gleichen Namen, waren eins. Das römische »Rhenus« stammt vom keltischen »Rênos«, das man ableiten kann von der indogermanischen Wortwurzel »rei«, die »rinnen« oder »fließen« bedeutet. Die Sprachwissenschaft kann die Entstehung von Flussnamen bis weit in die Vergangenheit zurückverfolgen. Sie zählen zu den ältesten geografischen Bezeichnungen. Ortsnamen sind oft deutlich jünger, denn Orte wurden im Lauf der Geschichte verlassen oder zerstört. Die Flüsse aber blieben.

Das erste Schriftstück, in dem die Pegnitz erwähnt wird, stammt aus dem Jahr 889. »Pagniza« wird sie darin genannt, in einer anderen Urkunde »Paginza«. Einen Namen hatte sie sicher schon viel früher. Manche Sprachforscher führen den Flussnamen auf keltische Ursprünge zurück und gelangen über einen vermuteten Urnamen »Bhogantia« zu der indogermanischen Stammsilbe »bog« für »fließendes Wasser«.

zu verlieren, bringt er sie zeitnah zu Papier. Schon immer nahm er neben Hammer und Klüpfel auch den Stift zur Hand. Das Atelier ist der Raum seiner Kreativität. Hier liegen die Schnitzwerkzeuge griffbereit, die ihm sein Großvater vermachte. In einem Regal Feilen, Schmirgelpapier, uralte Scheren und Formen aus Ton. Vor einem Warnschild „Achtung Schmetterling" meditieren drei weibliche Buddhas in bunten Farben.

Auf einem Holztisch liegt eine von Reckziegels Zeichnungen, darauf zwei Arbeiter: Der eine säubert die Landschaft mit einem Hochdruckreiniger, der zweite biegt brachial die Mäander eines Flusses und rollt ihn zusammen wie einen Schlauch. Vor dieser Szenerie eine Frau in Blau, die sich schüchtern davonstiehlt: Der Fluss packt seine Koffer. »Ein Fluss ist nicht nur ein chemisches Element, das von A nach B fließt und irgendwelchen Zwecken dient. Er ist mehr als das. Ein Fluss ist verletzlich, er kann vertrieben werden. Für mich ist die Pegnitz ein Wesen, wie ein Baum, ein Tier, ein Mensch. Vielleicht ist sie ja eine Frau. Die Inder verehren die Flussgöttinnen Ganga und Yamuna. Vielleicht war auch die Pegnitz irgendwann einmal eine Göttin? Und, wenn sie eine Göttin war, was ist sie jetzt?«

Der Fluss packt seine Koffer

PEGNITZPERLEN
Wo es schön ist

DAS KLEINE INSELPARADIES

»Ich gehe gerne auf die Pegnitzinsel. Dort gibt es ein Café mit einer Terrasse, die sich über den Fluss spannt. Mein Lieblingsplatz ist die kleine Bucht am Wehr, aus großen Steinquadern geformt. Im Sommer badet die Dorfjugend im Fluss und viele Kajakfahrer kommen vorbei. Die Insel ist ein Ort zum Erholen, Genießen und besinnlichen Verweilen.«

KARSTEN RECKZIEGEL

STACHELDRAHT AM FLUSS

KLAUS WIEDEMANN

Engagiert gegen das Vergessen

Hersbruck hat viele Facetten. Das Städtchen an der Pegnitz wirkt leicht provinziell aus der Perspektive des nahen Nürnbergs und ist doch eine Metropole für das eigene Hinterland. Man ist beliebt bei Touristen, aber verbiegt sich nicht. Es herrscht Geschäftigkeit, aber keine Hektik. Der Zeitgeist ist willkommen, jedoch als Bruder der Beständigkeit. Klaus Wiedemann ist Hersbrucker und setzt sich dafür ein, dass sich die Stadt ihrer jüngeren Geschichte stellt. Für ihn geht es dabei um mehr als die Vergangenheit. Es geht um die Zukunft.

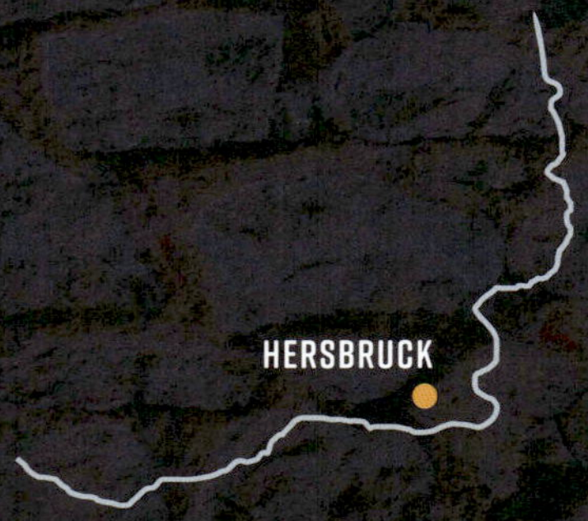

HIER LEBE ICH.
HIER IST HEIMAT.
MIT ALL DEM,
WAS DAZUGEHÖRT.

Die Altstadt ist klein. Metzger, Bäcker, Eisdiele, Rathaus und Kirche liegen alle nur ein paar Pedaltritte voneinander entfernt. Klaus Wiedemann erledigt seine Besorgungen entspannt mit dem Fahrrad. Ein kurzer Plausch gelingt beim Gezuckel übers Kopfsteinpflaster gemütlich vom Sattel aus, im Vorüberfahren. »Servus! Wie geht's?« »Bassd scho.« Augenzwinkern. Man kennt sich. Es geht entspannt zu in den verwinkelten Gassen zwischen den stolzen Bürgerhäusern mit ihren mehrgeschossigen Hopfenböden unterm Dach. Hersbruck ist »Cittaslow«. Die Stadt erhielt das Prädikat 2001 als erste deutsche Kommune und ist stolz darauf. »Cittaslow« steht für gewollte Entschleunigung, als Gegentrend zu einer immer hektischer werdenden Zeit. Pointe: Seine Gründung hat Hersbruck dem Bemühen um Beschleunigung zu verdanken. Eine Furt erlaubte die Überwindung des natürlichen Hindernisses »Pegnitz« für Handelszüge ohne Umwege und Verzögerung. Die Lage der Furt an einer alten Handelsstraße war Grund genug, um zu deren Schutz eine Burg mit Siedlung zu errichten. Später brachte der

Es ist hier passiert. Hier in Hersbruck. So wie es auch an einem anderen Ort hätte passieren können.

Hopfenhandel den wirtschaftlichen Aufschwung. Die Pegnitz war schon immer Teil der Stadtgeschichte. Ein, zwei Kilometer von der Innenstadt entfernt, talaufwärts, liegt das Strudelbad. Die Pegnitz schlängelt sich direkt durch die Liegewiese des Freibads. Früher sprangen die Badegäste noch ins eiskalte Wasser des Flusses, ließen sich eine Weile durch die Strudel treiben und schwammen im Kehrwasser zurück. Auch Klaus Wiedemann badete hier als Kind gerne. Er zeigt auf ein Luftbild von 1936. Becken und Umkleidekabinen sind gut zu erkennen. Neben der Badeanlage steht ein nüchternes, mehrstöckiges Gebäude. Es ist die Kaserne des Reichsarbeitsdienstes. Das Ende der Idylle.

Wiedemann: »Über die Geschehnisse von damals zu reden fällt mir leichter als den Zeitzeugen. Ich selbst war noch nicht geboren. Zunächst allerdings wusste ich nichts darüber. Als ich noch ein Kind war, stießen wir einmal beim Wandern auf einen versteckten Gedenkstein im Wald. Ich wollte wissen, warum der dort stand. Meine Eltern wichen einer Antwort aus. Ich wusste auch nicht, dass unser Schul-Pausenhof früher ein Appellplatz war, auf dem sich ein Galgen befand. Erst später erfuhr ich die Hintergründe.« Wiedemann hält kurz inne. »Es ist hier passiert. Hier in meiner

Im Lager lebten Anfang 1945 genauso viele Insassen wie Einwohner in Hersbruck.

Kaserne des Reichsarbeitsdienstes und Strudelbad, 1936

DOKUMENTATIONSORT
HERSBRUCK/HAPPURG
KZ-AUSSENLAGER HERSBRUCK
HERSBRUCK SUBCAMP

Uns ging es nie darum, Schuld zuzuweisen. Wichtiger als die Vergangenheit ist die Zukunft. Wir wollen, dass so etwas nie wieder passiert.

Heimatstadt. So wie es an einem anderen Ort auch hätte passieren können.« Grund für die Geschehnisse war die Houbirg. Die Houbirg liegt am Rand des Pegnitztals, ungefähr vier Kilometer von Hersbruck entfernt. Das Bergmassiv mit seiner exponierten Albrandlage hat Geschichte: Auf dem Plateau befand sich einst eine keltische Siedlung. Deren Schutzwall umschloss eine Fläche ungefähr so groß wie die Nürnberger Altstadt. Als sich im Zweiten Weltkrieg Bombenteppiche auf die Rüstungsbetriebe legten, begannen die Nazis, nach unterirdischen Standorten für die Kriegsproduktion zu suchen. Die Houbirg bot sich an. Man beschloss 1944, mehrere Stollen in die weiche Doggerschicht zu treiben. Das darüber liegende harte Juragestein bot idealen Schutz gegen Luftangriffe. Für die Arbeiten sollten auch KZ-Häftlinge eingesetzt werden. Das Gelände des Reichsarbeitsdienstes in Hersbruck wurde in Windeseile zu einem Außenlager des KZ Flossenbürg ausgebaut. Holzbaracken, umgeben von einem Zaun aus Stacheldraht, Wachtürme, das Kasernengebäude nun eine SS-Kommandantur.

Klaus Wiedemann engagiert sich im Verein »Dokumentationsstätte Konzentrationslager Hersbruck e.V.«. In jahrelanger Arbeit trugen die Vereinsmitglieder Erinnerungen an Doggerwerk und Lager zusammen: Fotos, Schriftstücke, Gegenstände. Wiedemann nimmt einen schweren, rostigen Bohrer in die Hand: »Den stemmte Ljubiša Letic auf seiner Schulter. Letic war ein Häftling aus Serbien, klein und dünn. Er bohrte stundenlang, bis er vor Schwäche zusammenbrach.« Wiedemann kennt die Biografien vieler Häftlinge. Er betreut mit seinen Vereinskollegen die wenigen noch Lebenden unter ihnen bei ihren Besuchen in Hersbruck. Sie kommen aus ganz Europa. »Für mich sind das wunderbare Momente. Es sind besondere Menschen. Sie kommen hierher ohne Vorwürfe und Ressentiments, freuen sich und sind dankbar, dass sie willkommen sind.«

Kürzlich war Jerzey Machowczyk zu Besuch, ein zweiundneunzigjähriger Pole. Voller lebendiger Erinnerungen wollte er die Reste des Lagers sehen. Wiedemann musste ihn enttäuschen. Vom Lager ist nichts mehr übrig. Sogar das massive Gebäude der SS-Kommandantur wurde abgerissen. Stattdessen befinden sich heute das Finanzamt und eine Wohnsiedlung auf dem Areal. Ziel des Vereins war es von Anfang an, diesen aus den Augen verlorenen Teil der jüngeren Hersbrucker Geschichte zu dokumentieren und wieder sichtbar werden zu lassen. Wiedemann zu den Motiven: »Uns ging es nie darum, Schuld zuzuweisen. Wichtiger als die Vergangenheit ist die Zukunft. Wir wollen, dass so etwas nie wieder passiert.« 2016 endlich wurde ein offizieller Dokumentationsort eingerichtet, konzipiert und finanziert von der Stiftung Bayerische Gedenkstätten. Bei der im Fernsehen live übertragenen Eröffnung hielt der achtundneunzigjährige Vittore Bocchetta eine Rede. Der Künstler – einer der letzten noch lebenden Häftlinge – blieb Hersbruck verbunden und gestaltete die Skulptur »Ohne Namen«, die seit 2007 als Mahnmal im Rosengarten steht, ganz in der Nähe des früheren KZ-Geländes. Bocchetta erinnert sich an katastrophale Zustände im Lager im Winter 1944/45: »Alles fließt in den Schlamm, in das Elend, alles, was wir von der Mutter

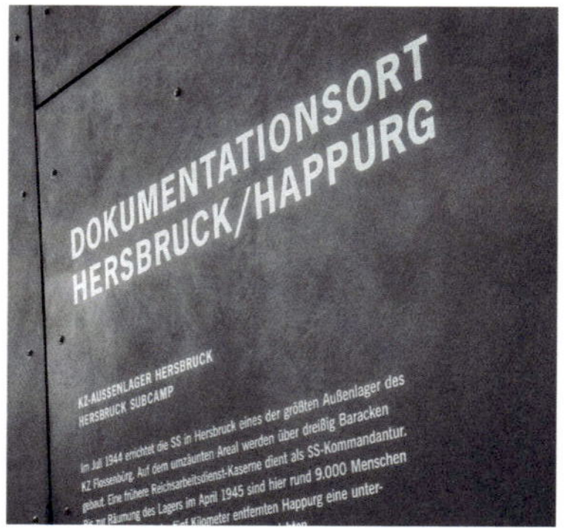

ES SIND BESONDERE MENSCHEN. SIE KOMMEN HIERHER ZURÜCK, GANZ OHNE RESSENTIMENTS.

übernommen haben […]. Unsere ganze Existenz dreht sich um ein Stück Brot und eine Schüssel Suppe.« Das Lager im feuchten Talgrund versank nach wochenlangen Regenfällen im Morast. Häftlinge wateten bis zu den Knien darin. Schon ein kurzer Weg kostete unermessliche Kraft, wurde zum Kampf ums Überleben. Die SS-Lagerleitung rechnete nüchtern mit drei Monaten durchschnittlicher Lebenserwartung für jeden Insassen. Ungefähr dreitausendfünfhundert Häftlinge starben aus Erschöpfung, an Krankheit oder wurden auf dem Appellplatz hingerichtet. Nach der Lagerauflösung überlebten weitere fünfhundert den Todesmarsch nach Dachau nicht.

Sechstausend Insassen waren im Februar 1945 im Lager untergebracht. Ungefähr so viele Einwohner hatte damals Hersbruck. Das Lager. Die Stadt. Elend und Idylle. So nah beieinander! Da gab es wohl Badegäste, die noch 1944 im Wasser planschten, nur ein paar Meter entfernt von Stacheldraht und Wachtürmen. Wiedemanns Mutter war Sportlerin und drehte während des Krieges im Schwimmbecken ihre Runden. Die Pegnitz glitzerte wie eh und je friedlich in ihrem Bett. Aber ihr Hochwassersaum markierte den südlichen Verlauf des Stacheldrahtzauns. Die Pegnitz als schweigsame Zeugin des Grauens. Der Nürnberger Schriftsteller Hermann Kesten schrieb später zu den Jahren der NS-Zeit: »Wie liebte ich

Kunstwerk des ehemaligen Häftlings Vittore Bocchetta

die sanften Ufer der Pegnitz! Aber gestern, in der verhexten Mondnacht, schien mir plötzlich, als wäre das Wasser der Pegnitz rot vom Blut von sechs Millionen Juden, darunter mehr als hundert meiner nahen Verwandten und Freunde.« In Hersbruck machten sich die Häftlinge jeden Morgen auf den vier Kilometer langen Fußmarsch zu den Stollen. Der Weg führte vom Lager in Richtung Altstadt und dann beim Wassertor über den Fluss. Das hundertfache Geklapper der Holzpantinen an den Füßen der Häftlinge hallte durch die Gassen. Es gab mutige Hersbrucker. Sie steckten den Vorbeiziehenden beim Marsch in Richtung Houbirg heimlich ein Stück Brot zu. Oder warfen etwas Essbares über den Lagerzaun. Eine alte Bauersfrau beobachtete SS-Männer, die geflohene Gefangene brutal misshandelten. »Das sind auch Menschen!«, schrie sie aufgebracht und riskierte dabei ihr eigenes Leben. Der SS-Trupp zerrte sie auf einen Pritschenwagen. Die Gefahr, selbst verhaftet zu werden, bestand immer. Viele Hersbrucker schwiegen und verdrängten ihre Beobachtungen, auch später, nach dem Krieg. Es brauchte Zeit.

Der Gymnasiast Gerd Vanselow schrieb 1983 seine Facharbeit über das Lager. Nun war die Zeit gekommen. Es folgten Initiativen der DGB-Jugend und der Evangelischen Jugend. Der Verein »Dokumentationsstätte Konzentrationslager Hersbruck e.V.« gründete sich 1999. Wiedemann engagierte sich schon als junger Mann, zunächst bei der Kirche, später im Verein, dessen zweiter Vorsitzender er heute ist. Er ist Hersbrucker Urgestein, seine Familie alteingesessen. Schon seit dem 16. Jahrhundert, zunächst als Schwarzfärber, mit dem Recht, die Stoffe im Stadtgraben zu trocknen. 1873 eröffnete Wiedemanns Ururgroßvater einen Schnittwarenladen, Vorgänger des Textilgeschäfts, das Wiedemann heute führt. Ein paar Pedaltritte vom Geschäft entfernt der Rathausturm: Von ihm weht ein großes Banner mit der Aufschrift »Hersbruck ist bunt«. Die Stadt brachte es dort im Jahr 2013 an, als sichtbares Zeichen eines breiten Bündnisses gegen Rechts.

»Ich mag diese Stadt«, sagt Wiedemann. »Hier bin ich aufgewachsen. Hier lebe ich. Hier ist meine Heimat. Mit allem, was dazugehört.«

PEGNITZPERLEN
Wo es schön ist

AUF DEM MICHELSBERG

»Der Michelsberg ist der Hersbrucker Hausberg, sein Gipfel vom Marktplatz nur einen Spaziergang entfernt. Früher stand droben eine Kapelle, die dem heiligen Michael geweiht war. Jetzt befindet sich dort ein Restaurant. Ich bin gerne auf dem Berg und genieße die herrliche Aussicht. Auf die Stadt, die Albrandberge, das Sittenbachtal bis zur Burg Hohenstein und das Pegnitztal bis nach Nürnberg. Hersbruck und sein Umland sind einfach wunderschön.«

KLAUS WIEDEMANN

DAS COMEBACK

HORST SCHWEMMER
Biberflüsterer

Klarer Himmel, eiskalte Vorfrühlingsnacht. Ein paar ausgebüxte Sterne toben über den Michelsberg. Unter ihnen schlummert die Stadt. Aus dem Fluss löst sich ein Schatten und verschwimmt im Ufergehölz. Seltsame Geräusche, ein lautes Knacken. Dann wieder Stille. Am nächsten Tag Tatortbegehung: »Er war wieder hier. Die Spuren sind noch ganz frisch.« Horst Schwemmer zupft an seiner weißroten Pudelmütze und blinzelt in die Morgensonne. Dann dreht er ein Stück Rinde in der Hand. »Er kommt im Schutz der Dunkelheit aus der Pegnitz. Die Nacht ist seine Zeit. Da ist er ungestört.«

DER BIBER TREIBT DIE LEUTE UM.
WIR MÜSSEN WIEDER LERNEN,
MIT IHM ZU LEBEN.

Der Holzfäller von Hersbruck ist ein Biber. Er muss ein Energiebündel sein: Weiden liegen quer, die Zweige sind abgebissen. Im Winter ernährt sich der Flussbewohner von jungem, weichem Holz. Das wächst in der Baumkrone. Der Biber ist kein Kletterer und kommt nicht hinauf. Was soll's? Er holt den Baum einfach zu sich runter. Freilich ist das Baummikado nicht die Partie einer einzigen Nacht. Er war schon öfter hier. Bis zu fünfzehn Bäume kann ein Biber pro Jahr fällen und die Rinde verwerten. Selbst wuchtige Stämme sind kein Problem. Wie geht das? »Sanduhrtechnik« heißt das Zauberwort. Der Nager beißt das Holz mit seinen kräftigen Zähnen Stück für Stück rundum ab, bis der Baum fällt. Er ist ein Profi und weiß genau, was er tut. Meistens zumindest, denn es kommt auch schon mal vor, dass ein Biber bei der Arbeit vom selbst gefällten Baum erschlagen wird. Das Treiben in dem kleinen Hersbrucker Wäldchen wird gerne geduldet. Das Areal gehört der nahen Psorisol-Klinik und wird vom Stadtförster betreut. Aber nicht jeder Flussanrainer freut sich über den umtriebigen Landschaftsgestalter. Vor allem Landwirte sehen das Gewusel skeptisch. Der Biber baut Dämme: Felder können überflutet werden. Der Biber gräbt Tunnel: Traktoren können ins Erdreich einbrechen. Und der Biber ist ein Feinschmecker. Normalerweise bedient sich der Vegetarier aus dem üppigen natürlichen Nahrungsangebot. Zur Erntezeit aber locken Delikatessen wie Kartoffeln, Getreide, Rüben und Mais. Blinken von einem Obstbaum reife Früchte, so kann er auch diesen nicht widerstehen. Wie pflückt er sie? Richtig: Sanduhrtechnik.

Horst Schwemmer kennt die Klagen, der »Problembiber« ist sein Job. »Der Biber polarisiert die Menschen. Für viele ist er ein Eindringling, der nicht hierher gehört.« Tatsächlich aber ist das Tier ein Ureinwohner. Schon vor fünfzehn Millionen Jahren lebte es in Europa. Alte Ortsnamen wie Biberach, Bebra oder Markt Bibart erinnern an seine Verbreitung in früheren Zeiten. Im Hersbrucker Ortsteil Altensittenbach heißt eine Straße »Am Biberhaus«. Eine Urkunde von 1417 spricht von einem gleichnamigen Flurstück an der Pegnitz. 1867 starb der letzte bayerische Biber. Mitverantwortlich für die radikale Bejagung war ein kreativer Kirchenkonzilsbeschluss vom Anfang des 15. Jahrhunderts: Der Biber ist ein Fisch! Punkt. Begründung: Er lebt im Wasser und hat einen schuppigen Schwanz.

Für viele ist er ein Eindringling, der nicht hierher gehört.

Biberfleisch war nicht die erste Wahl, aber es konnte zur Fastenzeit bedenkenlos verspeist werden. Die Folge: Der Biber wurde in Europa fast vollständig ausgerottet. In Deutschland überlebte er nur an der Elbe. Der Rückzug des Bibers ist Geschichte. Jetzt ist er zurück, Comeback gelungen. In den Sechzigerjahren siedelte der Bund Naturschutz erste Biber an der Donau an. Die Tiere verbreiteten sich von dort aus über die bayerischen Gewässer und gelangten so auch an die Pegnitz. Natürliche Feinde sind rar. Einst waren es Wolf, Bär und Luchs, heute müssen sich höchstens junge Biber vor Fuchs, Dachs, Wildschwein und Raubfischen fürchten. Einmal fing Schwemmer einen Hecht und fand in seinem Bauch einen kleinen Biber. Tatsächlich sorgt die Lebensweise des Bibers selbst für eine Regulation des Bestands.

Alte Ortsnamen wie Biberach, Bebra oder Markt Bibart erinnern an die frühe Verbreitung des Bibers.

DER FLUSS IST
KOMPLETT BESIEDELT,
SOGAR IN NÜRNBERG
LEBEN BIBER.

»Von einer explosionsartigen Ausbreitung kann keine Rede sein«, so Schwemmer. »Der Biber selbst ist des Bibers Feind.« Familien leben in festen Revieren. Der Nachwuchs muss das Revier der Eltern verlassen und sich eine neue Bleibe suchen. Das ist schwierig und gefährlich, Ausgang ungewiss. Alteingesessene Biber verteidigen ihr Revier. Bei Kämpfen fügen sich die Kontrahenten mit den Zähnen mitunter lebensgefährliche Verletzungen zu. 2015 zählte Horst Schwemmer mit Unterstützung ehrenamtlicher Helfer fünfundzwanzig Biberreviere entlang der Pegnitz. Ein Revier hat eine Länge von bis zu sieben Uferkilometern. »Der Fluss ist komplett besiedelt, sogar in der Nürnberger Innenstadt leben Biber. Die Population an der Pegnitz wird nicht weiter zunehmen«, so der Experte.

Das Land um die Pegnitz ist Schwemmers Heimat. Vor allem liebt er die einsamen Gegenden auf der Hersbrucker Alb oder dem angrenzenden Oberpfälzer Birgland. »Mein Vater wanderte viel mit mir und meinen Geschwistern. Diese Zeit hat mich geprägt.« Über Umwege kam Horst Schwemmer nach dem Studium zum Bund Naturschutz und erfüllt dort mittlerweile vor allem eine Mission: das Bibermanagement. Es ist eine hochoffizielle, vom Freistaat Bayern eingeführte Aufgabe, übertragen in die Zuständigkeit der unteren Naturschutzbehörden. Unterstützt werden die Ämter von ehrenamtlichen Biberberatern. Wenn es knifflig wird, muss Schwemmer ran. Er ist einer von zwei hauptamtlichen Bibermanagern in Bayern. Zu seinen Aufgaben zählt auch die Öffentlichkeitsarbeit: Er bringt den Biber unter die Leute. Wenn er Schulklassen besucht, hat er ein ausgestopftes Exemplar dabei. Jeder darf es mal streicheln. Vor allem aber vermittelt Schwemmer in Konfliktsituationen zwischen Belangen des Naturschutzes und Betroffenen wie Land- und Teichwirten. »Biber sind streng geschützt, wir müssen lernen, mit ihnen zu leben. In den meisten der knapp fünftausend Biberreviere in Bayern gibt es keine Probleme«, betont er. Wenn doch, hat Schwemmer eine Menge Lösungsansätze parat. Er möchte, dass man miteinander ins Gespräch kommt. Häufig hilft eine kleine Maßnahme: Gitter schützen Bäume vor Verbiss, Rohre in Biberdämmen verringern das Niveau des aufgestauten Wassers. Hin und wieder müssen Dämme entfernt werden. Geschädigten kann eine Ausgleichszahlung gewährt werden. Die Kompromissfindung hat aber auch

Grenzen: Im oberen Pegnitztal verläuft die Staatsstraße nahe am Fluss. Da kann schon mal ein vom Biber gefällter Baum die Straße blockieren. Das ist gefährlich. Wenn sich ein gefährlicher Biber nicht vertreiben lässt, dann bleibt als letzte Option, ihn mit Sondergenehmigung zu bejagen. »Klar, solche Fälle gibt es und wird es auch immer geben. Die Uhr lässt sich nicht zurückdrehen in die Zeit, als die Pegnitz von Auwäldern umgeben war. Allerdings wäre den Bibern ja schon geholfen, wenn wir ein paar Meter zu beiden Seiten des Flusses der Natur überlassen würden. Viele Konfliktfälle gäbe es dann gar nicht.«

Biber sind soziale Wesen. Und sie sind sehr schlau, zuweilen auch ziemlich stur.

Schwemmer ist ein Naturmensch. Die Kraft für seinen Job holt er sich an der frischen Luft. Wenn er irgendwo in Bayern ein Biberrevier inspiziert, dann genießt er immer auch die heimische Kulturlandschaft. Persönliche Erlebnisse mit Bibern inbegriffen, wie bei einem Einsatz im Nürnberger Naturgartenbad: Ein Biber rutschte ins Schwimmbecken und kam wegen des glatten Beckenrands nicht mehr allein heraus. Mit Unterstützung des Badepersonals gelang es Schwemmer, das erschöpfte Tier zu retten. »Die Tiere haben sich so gut mit der menschlichen Umgebung arrangiert, dass sie gelegentlich auch da auftauchen, wo sie überhaupt nichts zu suchen haben. Das ist aber die Ausnahme, der Biber gehört an einen See, Bach oder Fluss.« Wer zur richtigen Zeit unterwegs ist, hat gute Chancen, ihn an der Pegnitz zu beobachten. Am ehesten in der Abenddämmerung, denn die Nager sind nachtaktiv. Tagsüber schlafen sie meist in ihrem Bau. Auch der emsige Hersbrucker Biber residiert in einem stattlichen Domizil. Schwemmer stapft mit mir am verwilderten Ufer entlang. Wir balancieren vorsichtig über eine in den Fluss gefallene Weide und stehen endlich vor der gut versteckten Biberburg. Der Hausherr hat mehrere Schichten aus Ästen und Zweigen aufgetürmt und diese mit Erde und Schlamm abgedichtet. Allerdings bröckelt der Putz. »A weng a Schlamber is er scho«, witzelt Schwemmer. Hier wäre eine Frühjahrsrenovierung fällig.

In die Burg kommt kein ungebetener Gast hinein. Der einzige Zugang befindet sich unter Wasser. Der Platz im Inneren muss reichen für eine Familie aus Bibermann, Biberfrau und zwei Kindergenerationen. Ein Pärchen hält sich ein Leben lang die Treue. Familienmitglieder stupsen sich zur Begrüßung zärtlich mit der Nase. Schwemmer kennt die Stupsnasen wie kaum ein anderer: »Biber sind sehr soziale Wesen. Und sie sind schlau, zuweilen können sie auch ziemlich stur sein. Noch längst weiß die Wissenschaft nicht alles. Es bleibt viel zu forschen. Klar ist: Die Biber gestalten ihre Umgebung wie kaum eine andere Spezies, die Spezies Mensch natürlich ausgenommen. Es gibt bei uns keine ursprüngliche Natur mehr, überall hat der Mensch eingegriffen. Dass hierbei Konflikte entstehen, ist programmiert. Aber ist das Comeback des Bibers nicht auch eine Chance? Dem Biber kommt eine Schlüsselrolle zu. Wo der Biber ist, entsteht ökologische Dynamik und die Artenvielfalt nimmt zu: Eisvogel, Laubfrosch, Elritze, Schwarze Heidelibelle, Kleine Pechlibelle, Grüne Keiljungfer. Alles hängt mit allem zusammen. Der Biber gehört für mich einfach dazu. Willkommen daheim!«

IM OUTBACK

»Ich bin gerne im Hersbrucker Hinterland unterwegs, am liebsten droben auf der Albhochfläche abseits des umtriebigen unteren Pegnitztals. Das ist die Gegend, in der ich aufgewachsen bin. Kleine Dörfer liegen verstreut zwischen Feldern und herrlichen Wäldern. Reckenberg, zum Beispiel, ist ein hübsches Ensemble aus drei alten Bauernhöfen. Auf meinen Wanderungen genieße ich die Stille und Einsamkeit und freue mich, wenn ich eine seltene Pflanze am Wegesrand entdecke.«

HORST SCHWEMMER

DIE SCHATZ-KAMMER

INA SCHÖNWALD
Stadtarchivarin

»Der Archivar verwaltet die Vergangenheit.« Das hört sich nach einem langweiligen Job an. Nach vergilbten und vergessenen Schätzen zwischen Aktendeckeln, die niemand kennt und von denen niemand etwas hat. Außer vielleicht die Wissenschaft und einige Hobbyhistoriker. Ist das alles? Ina Schönwald will mehr. Geschichte hat das Zeug, lebendig zu werden, und die Archivarin will sie zu den Menschen bringen. Das Archiv an der Pegnitz soll ein offenes Haus der Stadt sein, für Alt und Jung, für jedermann.

AM LIEBSTEN
ERINNERE ICH MICH
AN DIE ZUKUNFT.

Der Muff von Jahrhunderten zwischen zerfledderten Buchdeckeln. Böseelndes Papier und Spinnweben, überall Spinnweben. An einem Schreibtisch im flackernden Neonlicht sitzt eine blasse Gestalt mit Hornbrille. Mühsam erhebt sie sich zum Höhepunkt des Tages, um die nächste verstaubte Akte zu holen. Hier haust eine besondere Spezies: der Archivar in seiner natürlichen Umgebung.

Das Laufer Stadtarchiv ist im ehemaligen Spital untergebracht, einem alten und ehrwürdigen Gemäuer. Das lässt einiges befürchten. Aber anstelle eines zurückgezogenen, lichtscheuen Nerds empfängt den Besucher dort eine dynamische, weltoffene Frau: Ina Schönwald. Sie ist seit 2014 die Chefin des Hauses, das nicht nur für Lauf zuständig ist, sondern für den gesamten Landkreis. Die Archivarin kennt natürlich die Klischees, die an ihrem Beruf hängen. Aber sie nimmt es sportlich und sieht darin eine Chance, die Menschen zu überraschen. Sie will, dass das Archiv ein »Haus der Stadt« ist, offen und interessant nicht nur für Ahnenforscher und Historiker, sondern für alle. Eine gute Gelegenheit hierfür war der 700. Geburtstag Karls IV. im Jahr 2016. »Der alte Charlie«, wie Schönwald den böhmischen König und deutschen Kaiser schon mal augenzwinkernd nennt, hat die Geschichte Laufs beeinflusst wie kein anderer. So nah vor den Toren der Reichsstadt Nürnberg gelegen, war Lauf ein wichtiger Vorposten Böhmens. Karl IV. baute die bestehende Wehranlage zu einer imposanten Wasserburg aus, dem heutigen Wenzelschloss.

Als Zeitzeugen Schülern von ihrer Flucht erzählten, flossen auf einmal Tränen.

Wie kann man so ein Gedenkjahr anpacken? Schönwald schrieb zwei Bücher und ließ darin Geschichte für Kinder wieder lebendig werden. Lebendig und präsent ist das Wirken Karls IV. für die Archivarin sowieso. Sie sieht ihn als Bindeglied zu den Menschen im Gebiet des ehemaligen Böhmens. So kam sie auf die Idee einer Kulturnacht mit tschechischen Szenebands. Auch die Vertreibung der Sudetendeutschen, von denen viele im Nürnberger Land eine neue Heimat fanden, griff die Archivarin auf. In Form eines tschechischen Comics etwa, präsentiert als Ausstellung in den Räumen des Stadtarchivs. Schönwald moderierte zudem eine Gesprächsreihe. Thema: Flucht damals und heute. »Als Zeitzeugen Schülern von ihrer Flucht erzählten, flossen Tränen. Das waren unvergessliche Momente«, erzählt sie.

Die Abfälle des Spitals wurden direkt im Fluss entsorgt.

Die Zeit fließt dahin wie ein Fluss. Sie kehrt nicht zurück. Am Ufer steht einer, der nach Treibgut fischt. »Das könnte ein Archivar sein«, meint Schönwald, »und das Treibgut sind Überbleibsel der Gegenwart, die später einmal helfen können, unsere Zeit zu verstehen. Aber der Archivar kann nicht alles sammeln. Er muss ein Gefühl für zukünftige Relevanz entwickeln.« Ins Archiv wandern auch brandaktuelle Artikel aus der Tagespresse zur Flüchtlingsdebatte oder zu den umstrittenen Stromtrassen. Der regionale Bezug spielt dabei stets eine Rolle. Die laufenden Zugänge machen die Arbeit spannend, zum Beispiel ein Nachlass. Oder auf einer Auktion taucht plötzlich aus dem Nichts heraus interessantes Material auf. »Ich würde mich gerne damit näher befassen, aber mir fehlt momentan die Zeit.« Damit ist Schönwald bei der eintönigen Seite ihrer Tätigkeit angelangt. Gängige Klischees scheinen doch wieder in greifbare Nähe zu rücken. Sie verbringt viel Zeit mit Verwaltungsaufgaben. »Schon lange eingelagerte Akten des Tiefbauamts müssen noch gesichtet, sortiert und katalogisiert werden. Das ist nicht gerade spannend«, seufzt sie. Außerdem überarbeiten sie und ihr Team den Gesamtbestand des Archivs. Er wird digitalisiert, mit dem Fernziel, die Daten im Internet zu veröffentlichen. Bei sechshundert Regalmetern Papier, über dreizehntausend Bänden und zwanzigtausend Objekten dürfte sich dieses Projekt noch etwas hinziehen. Schönwald nüchtern: »Sie finden hier nie ein Ende. Niemals.«

Auch wenn das Katalogisieren nicht ihre große Passion ist, betont die promovierte Kunsthistorikerin, wie wichtig ein gut durchdachtes und effektiv nutzbares Verzeichnis ist. Es bildet das Fundament für alles andere, was sie sonst noch tut. Was nützt einem der größte Schatz, wenn man ihn nicht findet? Das Archiv ist für sie eine Schatzkammer voller Kostbarkeiten, zusammengetragen von ihren Vorgängern, größtenteils ehrenamtlich und manchmal unter widrigen Umständen. Zum Bestand gehören uralte Urkunden, die den Stadtbrand im Zweiten Markgrafenkrieg 1553 überlebten. Mittlerweile platzt die Schatzkammer aus allen Nähten, neben

Die Stadt der Wasserkraft

Weil die Täler noch sumpfig und oft überschwemmt waren, verliefen die ersten Fernstraßen auf den Höhenzügen. Musste doch einmal ein Fluss überquert werden, dann suchte man sich eine zugängliche Stelle, an der die Strömung schwach und das Wasser flach war. Bei Lauf befand sich eine solche natürliche Furt. Um diesen wichtigen Flussübergang zu schützen, erbaute man schon bald eine Befestigung auf der nahen Pegnitzinsel. So lässt sich der Ursprung des Ortsnamens »Lauf« einerseits auf die Überquerbarkeit des Flusses beziehen. Andererseits hat die Pegnitz unterhalb der Furt selbst auch einen außergewöhnlich starken Lauf: Sie schneidet sich tief in den Burgsandstein und stürzt dabei auf fünfhundert Metern um sechs Meter ab. Dies ist das stärkste Gefälle entlang des gesamten Flusslaufs. Die enorme Kraft des Wassers war Triebfeder für die weitere Entwicklung: Mühlen und Hammerwerke entstanden und die zunächst kleine Siedlung wuchs. Karl IV. verlieh Lauf im Jahr 1355 das Stadtrecht. Die Stadt war der erste wichtige Ort an der böhmischen Westgrenze, die bis vor die Tore Nürnbergs reichte. Dieser Bedeutungszuwachs führte zu einer bis in die Gegenwart anhaltenden wirtschaftlichen Blüte. Im Jahr 1596, längst unter Nürnberger Herrschaft, waren fünfzig Wasserräder in Betrieb. Aus den einst wasserradgetriebenen Gewerben entwickelten sich moderne Industriebetriebe, etwa im Bereich der Metallverarbeitung oder der Produktion technischer Keramik.

ICH HABE DAS GEFÜHL, DASS DER TAKTSCHLAG DER GESCHICHTE IMMER SCHNELLER WIRD.

dem ehemaligen Verwaltungsgebäude des Spitals sind auch schon Scheune und Stall in Beschlag genommen. Aber trotz mancher Nachteile würde Schönwald dem historischen Ambiente nie ein modernes vorziehen. »Das Archiv befindet sich seit 1934 in diesen Räumlichkeiten. Ich fühle mich einer langen Tradition verpflichtet. Und es gefällt mir hier, auch wegen der Nähe zur Pegnitz.« Der Fluss ist gut von ihrem Büro aus zu sehen und gleich dahinter das Wenzelschloss auf seiner Insel. Dazwischen liegt ein verlassener Garten, der sich zu einem kleinen Biotop entwickelt hat. Auf den Bäumen lassen sich manchmal Schwärme von Wacholderdrosseln nieder. Und in den Efeuranken vor Schönwalds Fenster sitzen oft Blauflügel-Prachtlibellen. Eine ganz besondere Begegnung mit der heimischen Fauna hatte Schönwald eines Morgens: »Die Spitalstraße trottete ein seltsames Wesen entlang. Ein Hund war es nicht, da war ich mir sicher. Erst nach einer Weile erkannte ich, dass sich mir ein dicker Biber näherte. Ihm folgte ein Anwohner mit gezücktem Besen. Ich reihte mich in die kleine Prozession ein, um zu sehen, wo das Tier hinwollte. Völlig unbeeindruckt von dem Spektakel spazierte der Biber gemütlich in Richtung Fluss und verschwand dann unter dem Zaun eines Ufergartens.«

Schönwalds Arbeitsplatz liegt nicht zufällig so nahe am Wasser. Die Abfälle der Spitäler wurden früher wegen der Seuchengefahr auf direktem Weg im Fluss entsorgt. Ein Pegnitzarm führte als natürlicher Stadtgraben direkt an der Spitalmauer entlang. Er verkam später zum Altwasser und verlandete schließlich vollends. In dieses Areal, der sogenannten Altung, ragt vom Spital aus eine Bogenmauer. Sie zeugt von dem Plan, das Wenzelschloss in die Stadtbefestigung einzubeziehen. Man wollte die Brücke zwischen Schloss und Stadt auf diese Weise schützen. Der Übergang über das Wasser war für Lauf von elementarer Bedeutung. »Ohne den Fluss und die Möglichkeit, ihn an dieser Stelle einfach zu überqueren, gäbe es Lauf wahrscheinlich gar nicht«, vermutet Schönwald. Anlass für die erste Besiedelung war eine Furt über die Pegnitz und Motor für den Aufschwung zur wirtschaftlich blühenden Stadt war die Kraft des Wassers. Die Bedeutung der Pegnitz hat sich freilich mit der Zeit gewandelt. Heute kommen die Leute in die Altstadt und an den Fluss, weil es viele idyllische Plätze gibt. Besonders beliebt ist neben dem Marktplatz die Gegend um Johannisstraße und Wasserbrücke. Man sitzt dort im Sommer gerne draußen bei einem Cappuccino oder einem Glas Wein. Das Gemurmel der

Menschen ist unterlegt mit dem unablässigen Rauschen der Pegnitz. Es ist der Soundtrack dieser Stadt. Der Fluss rauscht schon lange und hat dabei viel erlebt: Mammutherden, Neandertaler, Kelten, Slawen, Franken, Kriege und Revolutionen und natürlich Karl IV., der über fünfzig Mal in Lauf vorbeischaute. »Ich habe das Gefühl, dass der Taktschlag der Geschichte immer schneller wird«, sinniert Schönwald.

»Der Fluss dagegen hat eine Beständigkeit, die beruhigend ist. Die Pegnitz kennt ihre Richtung und behält sie auch. Nichts interessiert den Fluss weniger als das, was wir Menschen tun.«

Schon seit ein paar Wochen stehen zwei alte Holzkisten zwischen den Regalen im Archiv. Sie lagerten zuvor jahrzehntelang auf dem Dachboden eines alten Bauernhauses. Der neue Eigentümer fand sie dort und schenkte sie dem Archiv. »Ich hatte bisher keine Zeit, die Kisten zu öffnen«, so Schönwald, »und eigentlich habe ich auch jetzt keine Zeit. Aber wissen Sie was? Wir machen das jetzt.« Wir hieven die schweren Kisten auf den Tisch. Der Moment fühlt sich besonders an. Schnell ist der Deckel geöffnet. Darunter finden wir Familienfotos und Postkarten, verschickt von der Front an die Eltern zu Hause. Dazwischen Liebesbriefe geschmückt mit getrockneten Blumen und amtliche Schreiben, mit der Aufforderung, endlich in die NSDAP einzutreten und für das Winterhilfswerk zu spenden. Am Boden der Kiste gestapelt mehrere Kalender mit handschriftlichen Eintragungen und ein Gesangbuch. Lesezeichen ragen zwischen einigen Seiten hervor. Es ist, als läge es bereit für den nächsten Gang zur Kirche in ein paar Tagen. In den Kisten steckt Leben – wortwörtlich. Gewöhnliches Leben mit Festtagen und Werktagen, Vergnügungen und Pflichten, Hoffen und Bangen. So vertraut und doch so fremd. Treibgut aus einer anderen, längst vergangenen Zeit. Der Fluss fließt. Er fließt unaufhaltsam und trägt alles mit sich fort.

»Es ist ein Schatz«, flüstert Ina Schönwald, »ein richtiger Schatz!« und ihre Augen glänzen.

PEGNITZPERLEN
Wo es schön ist

DIE WAPPENKAMMER

»Die Wappenkammer im Wenzelschloss ist einzigartig in Europa. Der Gründer des Stadtarchivs, August Rebmann, ließ 1934 in der Kammer mehrere Schichten Putz entfernen. Zum Vorschein kamen einhundertdreizehn farbige Wappen der Kronvasallen des böhmischen Königs Karl IV. Besucher mussten früher erst durch einen Saal und eine Vorkammer, bevor sie in das ›Allerheiligste‹, die Wappenkammer, gelangten. Wenn ich den Raum betrete, ist das für mich wie eine Zeitreise. Ich kann darin das Mittelalter spüren. Das Ensemble ist ein politisches Programm, eine Machtdemonstration Karls IV. Geschichte kann faszinierend sein.«

INA SCHÖNWALD

ATELIER AN DER PEGNITZ 19

BERND WAGNER
Künstler am Fluss

Eichenholz wandelt sich nach langer Zeit im Wasser zu Mooreiche. Schwarze Mooreiche ist kostbar wie Gold. Die Strömung schrieb Hieroglyphen ins Holz. Jahrhundertelange Bewegung verewigt in einer Planke. Bernd Wagner wandert am Ufer und sucht nach solchen Schätzen im Wasser. Findet er etwas, nimmt er es mit in sein Atelier und führt dort das Werk des bewegten Wassers als Künstler fort. Bernd Wagner ist Sucher, Bildhauer und Geschichtenerzähler.

DER FLUSS IST WIE
EIN ERZIEHER.

ER PRÄGTE MICH
EIN LEBEN LANG.

KUNSTZEITUNG

Das Atelier liegt direkt an der Pegnitz. Das Haus am Fluss kaufte Wagners Urgroßvater Sigmund vor hundertfünfzig Jahren. Der Eingang zum Garten führt durch das kleinste Laufer Stadttor, dem Tränktor. Früher trotteten hier Kühe und Pferde zum Wasser, heute endet der Weg durch den Torbogen an Wagners Bootsanlegestelle. Ab und zu setzt er sich in sein Kanu und dreht eine ruhige Runde. Die Pegnitz fließt vor seinem Garten ganz gemächlich, aber bereits an der Wasserbrücke zieht ein starker Sog in Richtung Wehr. Als Kind wurde Wagner von den Fluten einmal mitgerissen. Er war schon bewusstlos, als ihn eine junge Frau herauszog. Wagner hat Respekt vor dem Fluss: »Seine Gewalt beeindruckt mich. Und seine Stille. Sie lassen mich demütig und dankbar sein.« Einmal fand Wagner im Schlick eine zerbrochene Henkeltasse mit blauem Schriftzug in altdeutschen Lettern: »Kunigunde«. Wagners Großmutter hieß Kunigunde und wohnte am Fluss. War es ihre Tasse? Er dachte sofort auch an Kaiserin Kunigunde, die Namensgeberin des Laufer Kunigundenfestes. Wagner ist kein Historiker, lieber erzählt er Geschichten. So schrieb er die »Wahre Legende von der Gründung Laufs durch die Kaiserin«. Diese wollte Wasser aus der Pegnitz schöpfen und ließ dabei ihre Tasse fallen. Wagner selbst hat noch nichts im Fluss verloren. Stattdessen holte er vieles aus ihm heraus. Er mag Dinge, an denen der Fluss seine Spuren hinterließ. Beim Bau der Laufer Wasserbrücke wurden die Pfeiler einst mit Eichendielen ummantelt. Wagner erkannte deren Wert und sicherte sich die Dielen, als die Brücke saniert wurde. Der Treibsand im Fluss hatte die Eiche beständig bearbeitet, Konturen, Muster und Vertiefungen hinterlassen. »Die Strömung schrieb geheimnisvolle Chiffren ins Holz«, schwärmt Wagner. »Für mich war die Mooreiche ein Jahrhundertfund!« Der Fluss ist ein Arbeiter und Künstler – auf seine Art. Wagner inspiriert das. Er macht da weiter, wo der Fluss aufhört. Aber anders – auf seine Art. Wagner formt Skulpturen aus Bronze und arrangiert sie zusammen mit den Werken des Flusses, etwa als menschliche Büste auf hölzernem Sockel. Das Wichtigste an den Büsten ist für ihn das Gesicht, oder Antlitz, wie er es nennt. »Es ermöglicht Einblicke in die menschliche Persönlichkeit. Wie eine Leinwand der Gefühle. Obwohl es für Mimik kein erlernbares Alphabet und keine Grammatik gibt, verstehen wir sie über Sprachgrenzen hinweg.« Ein freies Lächeln ist angeboren und archaisch. Wagner will mit seinen Objekten die Seele des Menschen sprechen lassen und dadurch die Seele des Betrachters berühren. Das klingt einfach, ist aber kompliziert. Jedes noch so einfache Lächeln ist eine Herausforderung. Wie sieht ein nachdenkliches Lächeln aus? Wie ein befreites? Oder ein gequältes? Wie Zorn? Angst? Würde? Melancholie?

Der Eingang zum Garten führt durch das kleinste Laufer Stadttor.

Die Gewalt des Flusses beeindruckt mich. Sie lässt mich demütig werden.

Einer seiner bronzenen Skulpturen gab Wagner den Namen »Geheimnis«. Es ist der Kopf einer Frau. Am Geheimnis arbeitete er viele Wochen. Hob das Nasenprofil, entschärfte den Mundwinkel, glättete Hautfalten und zog sie aufs Neue. Wenn er den Wachsrohling Abend für Abend zurück ins Wasserbad legte, war er mit dem Ergebnis nie zufrieden. Bis er endlich nach Wochen ein gutes Gefühl hatte. »Du musst irgendwann zu einem Ende kommen. Es gut sein lassen. Auch das gehört zur Kunst.« Wagner ist Autodidakt. Das handwerkliche Geschick brachte er sich im Lauf

ICH BIN EIN GRENZGÄNGER, ICH STEH AUF FESTEM GRUND UND DOCH SCHON HALB IM FLUSS.

seines Lebens selbst bei. Er sammelte Porträtstudien, las Fachliteratur und beschäftigte sich intensiv mit Anatomie. Fantasie und Faszination für die künstlerische Form hatte er schon immer. In der Wohnung seiner Tante stand eine Marmorbüste. Wenn er als Kind zu Besuch war, ertastete er daran jedes Detail. Beim Aufblitzen seiner Neigung sollte es fürs Erste bleiben. Zunächst zog es ihn hinaus in die Welt. Er heuerte als Skipper auf einer Segelyacht an und blieb in Istanbul hängen. In einem Café überflog er dort die Landkarte in seinem Taschenkalender. »Die Strecke nach Afghanistan sah aus wie ein Katzensprung«, amüsiert er sich heute. Der viertausend Kilometer lange Katzensprung wurde zur abenteuerlichen Odyssee. Diese führte ihn nach mehreren Monaten über Persien nach Afghanistan und weiter nach Nordindien in das buddhistische Kloster Hemis. Dort nahm er jeden Vormittag an den Zeremonien der Mönche teil. Nachmittags zog er sich auf das stille Flachdach des Klosters zurück. In der Ferne: das Panorama des verschneiten Himalaja. Auf dem Dach standen Gebetsmühlen, in deren Holzträger Köpfe geschnitzt waren. »Die Köpfe waren verwittert, aber man konnte die filigranen Gesichter noch gut erkennen. Kunstwerke, die Menschen vor Jahrhunderten geschaffen hatten. Die Kunst hat die Künstler überdauert. Der Gedanke daran und die Schönheit vor meinen Augen berührten mich zutiefst.«

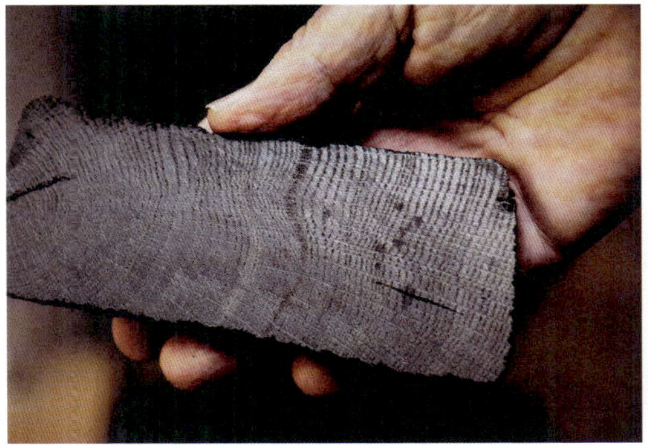

Welchen Weg nimmt eine Biografie? Unscheinbare Erlebnisse können entscheidend sein. Auch wenn man ihre Bedeutung erst in der Rückschau erkennt. Wagner kehrte nach Hause zurück und übernahm nach dem Tod seines Vaters dessen alteingesessenes Textil- und Pelzgeschäft. Doch das Reisen hatte ihn verändert. Er begann mit ersten kreativen Projekten. Am Ufer der Pegnitz stehend sah er die Herbstblätter vorbeitreiben. Dabei kam ihm ein prägnanter Slogan für die von ihm ins Leben gerufene Werbegemeinschaft der Laufer Einzelhändler: »In Lauf läuft's!« Der Spruch schlug ein und wurde von Wagner noch Jahre später auf T-Shirts und Aufkleber gedruckt.

Als Lauf einen Wettbewerb für die Gestaltung des Marktplatzbrunnens ausschrieb, beschloss er, sich daran zu beteiligen. Das Brunnenwasser sollte in silbrigem Schwall über Steine plätschern. Wagner wanderte die obere Pegnitz entlang, um den Fluss zu studieren: Wie entstehen schöne Wasserschwälle? Den Zuschlag bekam dann doch ein anderer Entwurf. Aber für Wagner war nun klar, dass er Künstler werden wollte. Ein großer Schritt, wie ein Sprung vom sicheren Ufer in die dunkle Pegnitz. Er begann, Köpfe zu modellieren, erstes Modell war er selbst: Vor dem Spiegel ertastete er sein Gesicht. Schon früh hielt er Ausschau nach verwertbarem Material mit Vorleben, so wie die Mooreiche des Brückenpfeilers. Die Geschichte der Dinge ist entscheidend. Treibgut mit unbekannter Herkunft kommt für ihn nicht in Frage. Er sucht das, was einmal einen Nutzen hatte und vor langer Zeit mit Geschick hergestellt wurde. Besonders interessant: das, was andere wegwerfen. Wagner rettete echte Werte vor der Vernichtung. Aus dem Container einer Müllverbrennungsanlage zog er Balken der Laufer Spitalkirche, aus einem Osterfeuer die Dauben eines Weinfasses. Bei einem Schrotthändler stieß er auf das alte Ziffernblatt einer Dorfkirche. Als sie das Wehr der Reichel'schen Schleifmühle sanierten, fanden Arbeiter Schleifsteine im Flussbett, hievten sie heraus und lagerten sie für den Abtransport. Wagner mischte sich ein und bewahrte so ein Dutzend der historischen Steine für die Stadt. Den Arbeitern spendierte er dafür ein paar Kästen Bier. Die geborgenen Schleifsteine stehen heute für jedermann sichtbar vor

Bernd Wagner

der Schleifmühle. »Sie sind für mich Zeugen einer vergangenen Zeit und Ausdruck für die Kraft des Wassers«, sagt Wagner. Ein andermal flößte der Künstler die Planken des abgerissenen Siechenlohstegs den Fluss hinunter, um daraus seinen Bootsanleger zu bauen. Die Pegnitz als kreatives Reservoir. Wagner holt Sachen aus dem Fluss und schöpft seine Inspiration aus dem Fluss. Seit 1996 ist er freischaffender Bildhauer. Schwerpunkt: Skulpturen in Bronze, Terrakotta und Holz. Sie entstehen allesamt im Atelier an der Pegnitz 19. Die Adresse ist erfunden, richtig wäre Spitalstraße 19. Aber für Wagner ist die Lage am Fluss das Besondere, Einzigartige. Ein Ort mit Atmosphäre. Drinnen die Kunst, draußen der Fluss. Sie fließen zusammen, auch bei Dichterlesungen unter dem Motto »Pegnitzrauschen«. Poesie im Atelier. Wagners Skulpturen lächeln still und lauschen. Oder sie gehen auf Reisen: zu Ausstellungen nach München, Berlin, Riga oder Zürich. Ein Höhepunkt war eine Ausstellung in Genua. Das Museo di Sant' Agostino erwarb 2015 einen seiner Bronzeköpfe. Dieser wird dort als einziges zeitgenössisches Werk in der Antikensammlung ausgestellt.

Italien, Indien und die weite Welt. »Ich brauche die Weite und Freiheit!«, sagt er. »Und ich brauche zugleich den nahen Horizont, die kleine Stadt. Lauf erdet mich.« Balance und Widerspruch halten lebendig. Hier und dort und dazwischen. So fühlt Wagner sich am wohlsten. »Ich bin ein Grenzgänger«, sagt er nachdenklich auf dem Bootssteg in seinem Garten. »Ich steh auf festem Grund und bin doch schon halb im Fluss und hätte Lust hineinzuspringen.«

Die Pegnitz gehört hierher. Genau hierher. Sie fließt gerade in diesem Moment durch Nürnberg und vereinigt sich bei Fürth mit der Rednitz. Sie fließt in der Regnitz, im Main und im Rhein, fließt über Grenzen, tummelt sich in Ozeanen und Wolkenmeeren. Und blickt als Schneekristall vom Himalaja hinunter zu den Gebetsmühlen. Sie ist frei und überall. Und kehrt doch zurück, jetzt und irgendwann, in das enge fränkische Flusstal, zum Atelier und zum Garten. Sie kommt zurück wie eine Weitgereiste voller Sehnsucht nach zu Hause.

PEGNITZPERLEN
Wo es schön ist

DER KLEINE GARTEN

»Ich bin gerne im Garten hinter meinem Haus. Er liegt an der Pegnitz gegenüber der Laufer Kaiserburg. Ich nutze ihn als Freiluftatelier und habe am Ufer das in der Mitte gefaltete Ziffernblatt der Pommelsbrunner Kirchturmuhr aufgestellt. Titel ›Halbzeit‹. Eine Bronzeskulptur setzte ich so in die Flachwasserzone, dass der Eisvogel sie sich oft als Ansitz wählt. Kunst und Natur gehören für mich zusammen. Die Natur inspiriert mich. Blatt, Knospe, Frucht: dies alles ist ein Wunder. Das Wunder wächst in meinem kleinen Garten.«

BERND WAGNER

ZWISCHEN BIOTOP UND BUSINESS-TOWER

FRITZ IMSCH
Schäfer

Er zieht fast das ganze Jahr über mit den Schafen durchs Tal. Die engen Mäander des Flusses sind ein idealer natürlicher Pferch, um die Herde beisammenzuhalten. Doch die Nähe zum Wasser birgt auch Gefahren: Ab und zu rutscht ein Schaf in die Pegnitz und schafft es nicht mehr ohne Hilfe zurück an Land. Fritz Imsch hat ein Auge auf jedes seiner Tiere. Er ist der letzte Wanderschäfer im Pegnitzgrund.

ICH HABE SCHON ALS BUB SCHAFE GEHÜTET.
DAS IST MEIN LEBEN.

Ein grauer Sonntagmorgen an der Pegnitz. Der kalte Wind wälzt Wolken über den dunklen Horizont. Die meisten Leute schlafen noch um diese Zeit, aber aus dem Fenster eines Wohnwagens dringt Licht. Davor eine umzäunte Wiese mit Schafen. Die Tiere sind unruhig, Hütehunde bellen. Schäfer Fritz Imsch trinkt einen letzten Schluck Kaffee, dann geht es los. Heute ist »Wandertag«. Normalerweise kümmert sich Imsch mit einem Helfer um die Herde, jetzt aber braucht er Verstärkung. Mit von der Partie sind drei Freunde als Treiber. Als diese den Schafpferch öffnen, kommt sofort Bewegung in die Herde. Ungeduldig drängeln die Tiere durch das Gatter und traben einen Weg entlang. Imsch ist mit seinen achtundsiebzig Jahren nicht mehr gut zu Fuß und fährt im Jeep hinterher. Ein Lamm saugt zwischendurch hektisch an den Zitzen seiner Mutter, ein anderes hat sich in einem Zaun verheddert und muss befreit werden. Weiter geht es. Die Schafe nutzen jede Gelegenheit für einen Imbiss: Hier etwas Gras, da ein paar Blätter. Blumenkästen und Vorgärten sind tabu, darauf achten die Treiber.

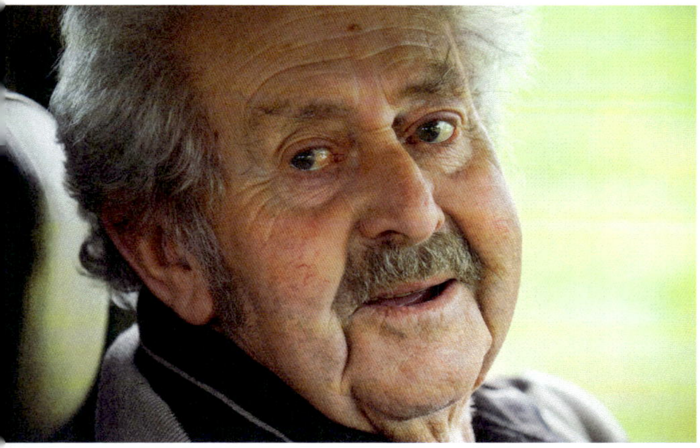

Es ist wie beim Menschen: Jedes Schaf hat seinen Charakter. Es gibt Schüchterne und solche, die immer die Ersten sein wollen.

Schon im Voraus halten sie Ausschau nach möglichen Gefahren: ein geparkter Motorroller, den die Herde umreißen könnte, oder ein Spaziergänger mit Hund. Auf der Bundesstraße ist am Sonntagmorgen kaum Verkehr. Die wenigen Autofahrer halten gern und lassen die Herde passieren. Ihre Fahrzeuge wirken wie Blechinseln in einem Meer von Wolle. Das Meer fließt ab in eine Seitenstraße mit Supermarkt. Hinter dem Supermarkt machen sich zwei Schafe vom Acker. Imsch bemerkt es als Erster und gibt sofort Anweisungen. Drei Männer kämpfen sich durchs Unterholz. Ihr Einsatz wird kompliziert: Schafe sind keine Kuscheltiere und nutzen jeden Geländevorteil, um den Verfolgern ein Schnippchen zu schlagen. Nach einer halben Stunde lässt sich ein Ausreißer zwischen zwei Zäunen in die Enge treiben. Der andere gesellt sich kurze Zeit später freiwillig dazu. Am Nachmittag kann sich Imsch endlich entspannt eine Zigarette anzünden: alle Tiere wohlbehalten am Ziel, keine Verluste! Es ist wieder geschafft.

Imsch pendelt mit seiner Herde mehrmals im Jahr zwischen den Weidegründen im Pegnitztal. Auf den feuchten Böden am Fluss wächst auch in trockenen Sommern genügend Gras.

Der Fluss ist Freund und Feind zugleich. Mutige Schafe wagen sich weit bis an die Uferböschung.

DER BESTE PLATZ IST DA, WO ES GRAS GIBT.

DAS BESTE WETTER IST DAS, BEI DEM GRAS WÄCHST.

Flussaufwärts bei Rückersdorf ist er mit seiner Herde allein auf weiter Flur, weiter unten in Nürnbergs Osten weiden die Schafe auf einem schmalen grünen Band zwischen Vorstadtvillen und dem alles überragenden Business-Tower. Der Hirte wirkt vor dieser Skyline wie ein Relikt. Imschs Beruf ist einer der ältesten der Menschheit, schon immer Synonym für Freiheit und Naturerlebnis: Ein Pferd schnaubt, das Lagerfeuer knistert, irgendwo draußen in der Prärie heulen ein paar Kojoten. Friedlich grast die Herde in der Dämmerung. Sogleich erglimmt die erste Zigarette. Woran denkt der Cowboy in diesem Moment? An sein letztes Schäferstündchen? Oder an sein nächstes? Schäferromantik beflügelt die Fantasie. Im guten alten Europa belässt es der Ergriffene nicht bei einem schlichten »Wow!«. Auf der Suche nach verklärenden Worten entwickelte man hier in der Renaissance die Schäferdichtung. »Das sorgenbefreyte Leben in Hürden / Ist schätzbarer als hochtrabender pracht«, schwärmte etwa der Nürnberger Dichter Georg Philipp Harsdörffer in seinem »Pegnesischen Schäfergedicht«. Er gründete 1644 an der Pegnitz die bis heute aktive Literaturvereinigung »Pegnesischer Blumenorden«.

93750

Vom Sehnsuchtsland »Pegnesien« zurück ins echte Schäferleben: Schäfer Imsch kann mit dem Romantisieren nicht viel anfangen. Er genießt die stillen Momente am Fluss, aber für ihn ist die Schäferei vor allem harte Arbeit und ständige Sorge um das Wohl der Tiere. »Mir geht es gut, wenn es den Schafen gut geht«, sagt Imsch. »Die Tiere müssen genügend zum Fressen haben und gesund sein. Der beste Platz ist da, wo es viel Gras hat. Das beste Wetter ist das, bei dem das Gras gut wächst.« Imsch ist schon seit sechzig Jahren als Wanderschäfer unterwegs. Für ihn ist das kein Job, es ist mehr: »Wenn mich meine Eltern suchten, dann krabbelte ich meistens zwischen den Schafen herum. Ich mag die Tiere. Das ist mein Leben.«

Als Imsch noch seinem Vater beim Schafehüten half, hielt man die Tiere wegen der Wolle. Die Wollpreise sind heute so niedrig, dass Imsch gerade eben die Schur davon bezahlen kann. Einnahmen erzielt er mit dem Fleisch der Tiere. Auch wenn die geschlachteten Lämmer nur wenige Monate leben, weiß der Schäfer genau, welches von ihnen zu welcher Mutter gehört. Er kennt jedes seiner fünfhundert Tiere: »Sie unterscheiden sich im Körperbau, ja sogar im Gesichtsausdruck. Wie der Mensch hat auch jedes Schaf seinen eigenen Charakter. Es gibt Schüchterne und solche, die immer die Ersten sein wollen.« Eines haben sie alle gemeinsam: Schafe sind »Öko-Gärtner« und helfen, den Magerrasen zu erhalten, der auf den Sandterrassen entlang der Pegnitz wächst. Die Böden sind nährstoffarm und starken Temperaturschwankungen ausgesetzt. Nur speziell angepasste Kleintiere und Pflanzen können hier überleben. Der schützenswerte Magerrasen wird ständig bedrängt von Büschen und Gehölzen. Die Schafe knabbern an den Zweigen und unterbinden so deren Wachstum. Gleichzeitig fördern sie die Ausbreitung seltener Pflanzen wie der Sandgrasnelke. Deren Samen verfangen sich im Fell und werden so von Ort zu Ort transportiert. Für diese Biotop-Pflege gibt es eine Prämie vom Staat. Trotz dieser offiziellen Wertschätzung sieht Imsch die Zukunft seines Berufs skeptisch: »Entscheidend ist, ob junge Schäfer nachkommen. Da sieht es nicht gut aus. Die meisten wünschen sich geregelte Arbeitszeiten, Feierabend und Wochenende. Ich habe keinen Nachfolger. Wenn ich nicht mehr kann, gibt es wohl keinen Schäfer mehr im Pegnitztal.« Verantwortlich für den Rückgang der Wanderschäferei ist für Imsch auch die Intensivierung der Landwirtschaft. Geeignete

Weideflächen werden immer rarer. Früher zog Imsch mit seiner Herde übers offene Land bis nach Würzburg. Das ist heute nicht mehr möglich. Als es noch keinen Kunstdünger gab, war Schafdung sehr begehrt. Die Bauern zahlten Geld dafür, dass die Herde über ihre Felder zog. Und sie spendierten Brot und Bier für den Schäfer und Wurst für die Hunde. Imsch schlief früher in einem primitiven Pferchkarren aus Holz. War es kalt, heizte er mit einem kleinen Kanonenofen. Manchmal war er ohne Karren unterwegs, wickelte sich nachts in seinen Mantel ein und schlief unterm Sternenhimmel. Den Proviant trug er im Rucksack.

Mittlerweile lebt Imsch im Wohnwagen mit Warmwasser und Fernseher. Am Beruf des Schäfers hat sich vieles verändert, aber die Essenz ist geblieben: Wind und Wetter und die Sorge um das Wohl der Tiere. Dieses ist im 21. Jahrhundert wieder bedroht durch eine Gefahr aus alten Tagen: den Wolf. Vor zweitausend Jahren, als es hier kaum Menschen gab, streiften wohl zwei bis drei Wolfsrudel durch die Wälder um Nürnberg. Der letzte Wolf wurde in Bayern 1852 erlegt. Jetzt kommt er zurück: In Nord- und Mitteldeutschland töten die menschenscheuen Tiere im Blutrausch schon mal ein Dutzend Schafe. Im April 2016 schoss eine Wildkamera im nordöstlichen Nürnberger Land ein damals noch aufsehenerregendes Foto: canis lupus ante portas! Der erste Wolf in der Gegend seit mehr als hundertfünfzig Jahren. Seitdem hat sich mindestens ein Wolfspaar, vielleicht sogar ein kleines Rudel, im nahen Truppenübungsplatz Grafenwöhr niedergelassen. Auch im oberen Pegnitztal häufen sich Spurenfunde, mehrere Hirschkühe und ein Schaf wurden hier gerissen. Ein Wolf legt an einem Tag locker fünfzig Kilometer zurück. So weit ist es bis Nürnberg. Schlaflose Nächte hat Imsch deshalb nicht. Er glaubt nicht, dass sich die Tiere bis ins belebte untere Tal wagen. Sorgen bereiten ihm eher die mehr als zehntausend Verwandten des Wolfs, die in Nürnberg leben. Es passiert immer wieder, dass frei laufende Hunde die Schafe aufhetzen. Trächtige Muttertiere können ihr Kind verlieren oder Lämmer zu Tode getrampelt werden. Imsch ärgert sich, wenn die Hundehalter keine Einsicht zeigen. Doch mit den meisten versteht er sich gut. Imsch ist ein aufgeschlossener Typ und unterhält sich gern. Ich treffe ihn bei Rückersdorf. Seine Schafe weiden auf einer Wiese zwischen Fluss und einem Altwasserarm. Zwei Kinder nähern sich und fragen, ob sie durch die Herde laufen dürfen: »Durchlaufen? Ja, schön anständig. Dann passt's.« Kein fremder Hund weit und breit. Alles easy? Von wegen: Die Gefahr kommt von unerwarteter Seite, der Fluss ist Freund und Feind zugleich. Manch mutige Schafe wagen sich weit bis an die Uferböschung. Einmal nicht aufgepasst und schon rutschen sie hinunter in die Pegnitz. »Die Tiere sind dämlich und versuchen, genau da wieder aus dem Wasser zu kommen, wo sie hineingefallen sind«, erzählt Imsch. »Wenn es steil ist, dann schaffen sie das nicht. Man muss sie herausholen, sonst ertrinken sie.« Wie viele Schafe im Lauf der Jahrhunderte der tückischen Pegnitz wohl schon zum Opfer gefallen sind? An diesem Nachmittag bei Rückersdorf rutscht eines ins Wasser. Der Fluss fletscht die Zähne wie ein Wolf. Imschs Helfer eilt herbei, hält sich am Baum fest, packt das Schaf und zieht es mit einem kräftigen Griff an Land. Das Gerettete schüttelt sich sogleich die Nässe aus dem Fell, rupft sich ein Büschel Gras und beginnt, entspannt darauf zu kauen. Noch einmal schaut das Schaf zum Fluss hinunter. Dieser erwidert den Blick mit einem Glitzern.

Es ist, als wäre nichts gewesen. Und alles könnte sein. Pegnesien könnte sein. Und Lämmer, die bei den Wölfen weiden.

PEGNITZPERLEN
Wo es schön ist

AM SEELBACH

»Ungefähr auf halber Strecke zwischen Rückersdorf und Behringersdorf fließt der Seelbach. Er entspringt im Reichswald und schlängelt sich dann durch Felder in die Pegnitz. Leider ist der Bach in den letzten Jahren im Sommer ab und zu ausgetrocknet. Mir gefällt es hier und ich habe an der Stelle oft meinen Wohnwagen stehen. Die Gegend ist beliebt bei Spaziergängern. Auf Wiesenpfaden kann man direkt am Fluss entlangwandern.«

FRITZ IMSCH

Flussmäander

Der Lauf eines frei fließenden Flusses verändert sich stetig. Durch kleinste Unregelmäßigkeiten im Untergrund kann das Wasser asymmetrisch zu einer Flussseite hinfließen. Dort gräbt es sich in das Ufer, prallt ab und transportiert abgetragenes Material zum gegenüberliegenden Ufer. So entstehen mit der Zeit markante Flussschleifen, die »Mäander«. Typisch sind ein steiler Prallhang an der Außenseite des Mäanders und ein flaches Ufer an der Innenseite. Bei Hochwasser nimmt der Fluss manchmal eine Abkürzung zwischen seinen Kurven. Ist die Hochwasserrinne irgendwann tief genug eingegraben, kann sie zum neuen Flussbett werden. Der alte Mäander hat ausgedient und verlandet mit der Zeit. Im unteren Pegnitztal ab Hersbruck gibt es viele Mäander und Altwasserarme. Besonders gut sind sie aus der Luft zu erkennen. Man unterscheidet die Lauflänge beziehungsweise Fließstrecke eines Flusses im Unterschied zur Tallänge. Im Unterlauf der Pegnitz können auf einen Kilometer Tallänge mehrere Kilometer Fließstrecke kommen. Der Fluss pendelt lässig und weit ausladend zwischen Sandterrassen.

IM WILDEN WASSER

MANFRED EDER
Kajak-Pionier

In Nürnberg, an der Pegnitz groß geworden, begeisterte sich Manfred Eder schon früh fürs wilde Wasser. In den Sechzigerjahren gewann er die deutsche Meisterschaft im Kajakslalom. Dann gründete er eine Kanuschule und wurde Wegbereiter der damals revolutionären Kunststoffboote. Mit seinen Ideen beeinflusste er die Entwicklung des Kanusports. Immer wieder suchte er das Abenteuer auf den Flüssen ferner Länder. Von der Pegnitz zum Grand Canyon und Canal Grande. Und wieder zurück zur Pegnitz. Nun ist er zweiundsiebzig Jahre alt. Lust auf Abenteuer hat er noch immer. Er fühlt sich pudelwohl mit Helm und Neopren – wie eh und je.

DIE PEGNITZ IST WIE EIN ROTER FADEN,
DER SICH DURCH MEIN LEBEN ZIEHT.

Ein bisschen Gefälle, ein paar Blöcke im Flussbett und schon lässt die Pegnitz ihre Muskeln spielen. Manfred Eder stemmt sich gegen die Wassermassen. Es ist, als schwebe er für einen Moment, dann taucht er in die Fluten ein. Sein feuerrotes Kajak verschwindet in einer Wasserwalze. Eder auf Tauchgang. Eder, der U-Boot-Kapitän. Die Pegnitz ist eine Macht. Unterhalb der Brücke zwischen Rückersdorf und Röthenbach brüllt sie wie ein Löwe. Eder kennt sie, wie ein Zirkusdompteur seine Raubtiere kennt. Und er hat Kraft. Ein Stoß mit dem Paddel und schon schießt er wieder nach oben. Völlig durchnässt, ins ruhige Kehrwasser gleitend, lacht er. Was für ein Affenspaß! Ein paar Meter wildes Wasser. Eder liebt das. Es ist nicht ganz klar, wer von beiden der Wildere ist. Die Pegnitz oder er? Seine Freunde nennen ihn den »wilden Manfred«. Der Kajak-Pionier kennt viele ausgeflippte Flüsse. Die Paddel-Leidenschaft hat ihn durch die ganze Welt geführt. Aber immer wieder zieht es ihn zurück zu den Ursprüngen. An der Pegnitz begann alles. Als er jung war, half ihm ein Schreiner, sein erstes Boot zu bauen.

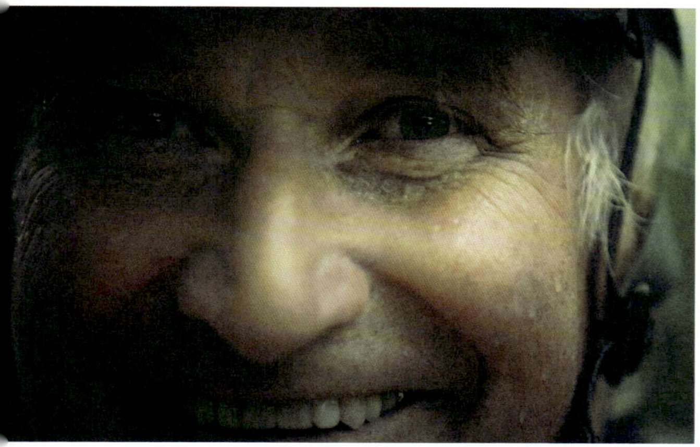

Der »Slalom von Nürnberg« fand einmal jährlich statt – im Stadtteil Wöhrd zwischen zerbombten Fabrikruinen.

Eder wohnte im Nürnberger Nordosten. Um an die Pegnitz zu gelangen, mussten er und sein Freund die Kajaks über den Rechenberg hieven. Das war eine Tortur, bis sie auf die Idee kamen, einen Kinderwagen zum Bootswagen umzubauen. Sie spielten und tobten im Wasser und waren so begeistert, dass sie einen ganzen Sommer nonstop an der Pegnitz zubrachten. Als Unterkunft diente ein Bootshaus. Dort schliefen sie jede Nacht. Im Morgengrauen ging es auf den Fluss. Ein paar Kilometer flussabwärts, im Stadtteil Wöhrd zwischen zerbombten Fabrikruinen, fand einmal im Jahr der »Slalom von Nürnberg« statt. Eder verfolgte den Wettkampf voller Begeisterung. Dann wollte er selbst den Pott. Er holte ihn, wurde mittelfränkischer Mannschaftsmeister in der Wildwasser-Abfahrt, später sogar auf anderen Strecken bayerischer und deutscher Meister. Neben dem Sport führte Eder ein ganz normales Leben: Ausbildung zum Büromaschinenmechaniker, Heirat, Geburt der Tochter. 1977 brachte die Firma Klepper ein Kajak aus Kunststoff auf den Markt: das K3. Es galt als »unkaputtbar« und erwies sich später als Quantensprung im Kanusport. Am Anfang hatten jedoch die Fans der klassischen Holz- und Faltboote die Oberhand. Für sie war das K3 ein »schwimmender Sarg«, aus dem man im Notfall,

Unterhalb der Brücke zwischen Rückersdorf und Röthenbach brüllt die Pegnitz wie ein Löwe.

IM KANU AUF DER PEGNITZ, DAS IST WIE MEDITATION.

unter Wasser eingeklemmt, nicht mehr herauskam. Klepper bot Eder den Alleinvertrieb des K3 in Nordbayern an. Eder setzte alles auf eine Karte und wagte den Sprung in die Selbstständigkeit. Er wollte die Leute probieren lassen. Wenn, dann würden sie sich dadurch am ehesten überzeugen lassen. »Kanuschule Noris« taufte er sein Start-up. Das K3 erwies sich als sensationell. Bereits im Gründungsjahr bot Eder ein Wildwassercamp im Engadin an. Es war der Beginn von etwas Neuem. Aufbruchstimmung! Wie von selbst ergab sich eines aus dem anderen. Schnell platzte der Terminkalender aus allen Nähten. Ins Angebot wanderten neben Einsteigerkursen auf der heimischen Pegnitz auch Touren zu Wildflüssen in Europa und Amerika. »Learning by doing« war stets Eders Motto. Einfach loslegen und machen. Bei Beobachtungen während der Kurse und beim Gedankenaustausch mit anderen Kanuten kamen ihm Ideen zur Verbesserung der Sicherheit. Ein Freund gründete eine weltweit bekannte Firma und brachte die Ideen zur Marktreife. Wenn Eder in der Rückschau an diese wilde Zeit denkt, wundert er sich, wie er das Arbeitspensum schaffen konnte. So richtig anfreunden will er sich mit dem Begriff »Arbeit« nicht. Er wollte immer das tun, was ihm Freude machte. Profit stand bei ihm nie im Vordergrund: »Ich musste das Gefühl haben, dass es stimmt. Teamgeist, Schwierigkeitsgrad, Fitness und

ASTRAL

Das Jahrhunderthochwasser

Wenn der Fluss über seine Ufer tritt, verwandelt sich das untere Pegnitztal in eine Seenlandschaft. Da, wo zuvor Hasen über die Wiesen hobbelten, tummeln sich nun Enten und Schwäne. Nur die höchsten Grashügel ragen noch als Inseln heraus. Es ist ein kleines Abenteuer, diese neu entstandene Landschaft auf Zeit mit dem Boot zu erkunden. Aber Vorsicht: Der sonst so behäbige Fluss hat sich zu einem reißenden Strom verwandelt. Es besteht Lebensgefahr. Wer den Fluss respektiert, dem tut er für gewöhnlich nichts. Siedlungen in sicherer Distanz vom Ufer bleiben verschont. Die Flut im Jahr 1909 hätte nicht zur Katastrophe geführt, wenn der Mensch dem Fluss nicht so viel Land abgetrotzt hätte. Im Februar jenen Jahres setzte auf den schneebedeckten Jurahöhen plötzlich Tauwetter mit heftigen Regenfällen ein. Das Wasser konnte wegen des gefrorenen Bodens nicht versickern und wurde aus den Seitentälern ungebremst in die Pegnitz gespült. Eine Flutwelle wälzte sich das Tal hinunter. Ihr Scheitel wurde am 5. Februar um ein Uhr nachts in Hersbruck gemessen, um vier Uhr in Lauf und um acht Uhr in Nürnberg. Zunächst stieg der Pegel langsam und kontinuierlich. Als aber die Talauen vor der Stadt vollgelaufen waren, raste die Flut auf Nürnberg zu und wurde dort wie durch ein Nadelöhr gepresst. Die Einwohner waren völlig überrascht. Schlagartig standen weite Teile der Altstadt bis zu zwei Meter unter Wasser. Stege wurden fortgerissen, Häuser stürzten ein. Aus etlichen Gebäuden konnten die Eingeschlossenen nur vom ersten Stock aus in die Rettungsboote steigen. Noch heute zeugen Hochwassermarken an Hauswänden von dem Unglück. Man wollte in den Folgejahren einer Wiederholung vorbeugen und baute einen Entlastungstunnel an der Nürnberger Fleischbrücke, einer besonders kritischen Engstelle. Der Beweis für die Wirksamkeit der Maßnahme konnte bisher allerdings noch nicht erbracht werden. Es kam seit 1909 nicht mehr zu einem derart dramatischen Tau- und Niederschlagsszenario.

Motivation. Alles musste passen. Wenn ich dieses Gefühl nicht hatte, dann war ich auch bereit, eine Tour abzubrechen.« Trotz aller Vorsichtsmaßnahmen verunglückte ein Teilnehmer einer Raftingtour in British Columbia / Kanada 1987 tödlich. Die Erinnerungen daran begleiten Eder sein Leben lang. Drei Jahre später überwand er sich zur Rückkehr an den Ort des dramatischen Ereignisses. Ganz allein wollte er die Geschehnisse verarbeiten.

Für Eder gehört zur Faszination untrennbar auch die Grenze des Machbaren. Der Mensch vermag viel, aber er bleibt verletzlich. In diesem Spannungsfeld stehen Extremsportarten wie der Kajaksport: »Durch technische Verbesserungen wird die Grenze des Machbaren immer weiter nach oben verschoben. Ein Limit scheint auch heute noch nicht erreicht zu sein. Und doch ist da immer eine persönliche Grenze und ein Risiko, dessen man sich bewusst sein muss.« Eder kratzte früher selbst am Limit. »Urlaub« hieß für ihn oft, sich zusammen mit Freunden neuen Herausforderungen zu stellen. Auf dem Sambesi in Afrika, dem Colorado im Grand Canyon oder auf Exkursionen durch die schier unendliche Wildnis Kanadas und Alaskas. Einmal sogar glänzte sein Porträt auf dem Cover des TIME Magazine. Inzwischen ist Eder zweiundsiebzig Jahre alt, das Paddeln im Extremen ist für ihn Vergangenheit. Aber das Abenteuer seines Lebens geht weiter. Das Programm der Kanuschule ist nicht mehr ganz so dicht bespickt. Dafür bietet sich nun Gelegenheit zu Unternehmungen, für die im Hochbetrieb früherer Jahre keine Zeit war. 1990 wurde er gefragt, ob er bei den Kajak-Action-Szenen in Willy Bogners Film »Feuer, Eis & Dynamit« mitmachen wollte. Er musste absagen, denn er war zu beschäftigt. Zusammen mit dem Kletter-Ass Stefan Glowacz und anderen Freunden war er 2015 für fünf Wochen zu Filmaufnahmen in Südfrankreich unterwegs. Während Glowacz hoch oben in den Wänden hing, paddelte Eder tief unter ihm durch die Schlucht des Verdon. In Siphons, dunklen Felstunneln und schäumenden Wasserwalzen. Unterwegssein am Fluss, das ist sein Leben. Naturgenuss, Abenteuer, Freiheit und Freundschaft. Freundschaft, vor allem: »Ohne Freunde könnte ich mir mein Leben nicht vorstellen. Die geteilte Freude, das gemeinsame Abenteuer ist das Schönste. An der Pegnitz brachte ich Kletterlegende Kurt Albert das Paddeln bei. Der wollte es unbedingt lernen für eine Exkursion. Auch diese Freundschaft hat mein Leben unendlich bereichert.« Den »Slalom von Nürnberg« gibt es längst nicht mehr. Die spritzige Slalomstrecke wurde vom Wöhrder See geflutet. Der Fluss aber strebt weiter das Tal hinunter zur Mündung. So wie er es schon seit zweiundsiebzig Jahren tut und ein paar Jahrtausenden dazu, ohne Unterbrechung.

An der Pegnitz brachte ich Kletterlegende Kurt Albert das Paddeln bei. Der wollte es unbedingt lernen für eine Exkursion. Auch diese Freundschaft hat mein Leben unendlich bereichert.

Das beste Erlebnis in einem Leben voller Kajaksport? »Unspektakulär, aber schön. Es war auf einer Bootstour zusammen mit meiner Tochter. Als wir ein Blöken hörten, paddelten wir in die Richtung und fanden ein Schaf, das in einer Auswaschung stand. Es kam nicht mehr aus dem Wasser. Wir hievten es an Bord und retteten es so. Leider hatten wir keine passende Schwimmweste dabei.« Eder lächelt verschmitzt.

Wir stehen am Ufer und schweigen. Der Fluss, das Raubtier, ist ganz zahm. Ein Blatt fällt aus den Wolken, wird sanft gefangen und schreibt ins Wasser seine Kreise. »An die Pegnitz komme ich immer wieder zurück. Sie ist meine Heimat. Ich kann zu jeder Flusskurve eine Geschichte erzählen. Im Kanu auf der Pegnitz: Das ist wild. Manchmal. Aber meist ist es wie Meditation.«

Über uns der Himmel. Ausgebreitet in stiller Ewigkeit. Die Wolken schwimmen davon. Wie die bunten Blätter, die kreisen. Um die Sekunde eines ganzen Lebens. Das Leben, der Fluss. Panta rhei. Alles fließt.

PEGNITZPERLEN
Wo es schön ist

IM DSCHUNGEL

»Ich mag die Flusslandschaft bei Röthenbach. Der Fluss hat Platz und schlängelt sich gemütlich durch die Wiesen. Hin und wieder schrammt die Pegnitz an den Talrand und legt Sandsteinfelsen frei. Dort finde ich es besonders romantisch. Manchmal schnappe ich mir spontan mein Boot und tobe mich an der Stromschnelle vor meiner Haustüre aus. Danach lasse ich mich flussabwärts treiben und genieße die Stille. Ich sitze in meinem Kajak tief im Flussbett. Alles wirkt aus dieser Perspektive ungewöhnlich groß. Das dichte Ufergehölz ist wie eine grüne Wand. Dschungel-Feeling! Die Pegnitz ist die Schwester des Amazonas.«

MANFRED EDER

PEGNITZTAL BEI RÜCKERSDORF

DAS HANG UND DER FLUSS

ALBERT COURY
Hang-Spieler

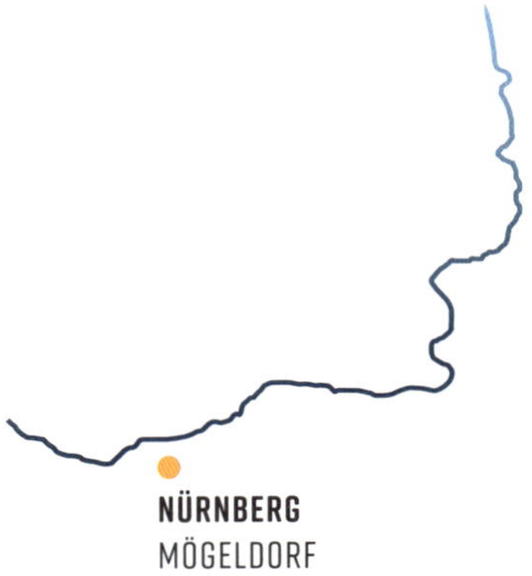

Spaziergänger bleiben stehen und lauschen. Am Ufer sitzt Albert Coury und spielt auf seinem Hang. Es ist seine »Stradivari«. Das junge Instrument klingt seltsam und doch vertraut. Klänge kommen und gehen. Kommen wieder. Sie klingen wie der Fluss. Dunkel das Wasser unter den Weiden. Droben durch die Wipfel streicht der Wind.

DER FLUSS IST BEWEGUNG.
ER INSPIRIERT MICH.

Wir nehmen den kleinen Fußweg zwischen Gärten und Villen. Albert geht voraus. Er hat sich das Hang auf den Rücken geschnallt und sieht aus wie eine Schildkröte auf zwei Beinen. Auf den Pegnitzwiesen stehen große Bruchweiden. Sie sind Einzelgänger, haben etwas Greisenhaftes und Würdevolles an sich. Schwer tragen sie an ihren Ästen, die sich wuchtig ausstrecken, als wären sie selbst ein Baum. Albert steuert das schattige Hochufer an. Dort im Halbdunkel unter dem geschlossenen Blätterdach ist sein Lieblingsplatz. Er setzt sich ins Laub und inhaliert einen Lungenzug Flussbrise. Dann legt er das Hang vorsichtig in den Schoß und beginnt zu spielen. Die ersten Töne steigen auf und kehren zurück wie Tropfen in die Flut. Fluss. Wind. Hang. Alberts Hände tanzen. Mal schneller, mal langsamer. Klangmuster variieren, werden von Fremden zu Vertrauten, mit der Zeit.

Ich folge konzentriert, versuche, den Zusammenhang zu verstehen zwischen Schlag und Ton, dem Hang und seinem Bild im Wasser. Dann fließen Gedanken und Spiegelbild mit dem Fluss davon. Der Flow. Albert beschreibt, wie es sich anfühlt, wenn alles fließt: »Wenn ich länger spiele, erreiche ich einen Punkt, an dem mein Geist zur Ruhe kommt. Ich spiele dann, ohne darüber nachzudenken, wie ich spiele oder was ich spiele. It's like runner's high for hang players. Hang high! Yeah!«. Albert Coury ist Amerikaner. Die Liebe verschlug ihn nach Deutschland. Er groovt das Hang seit zwei Jahren. Ein Internetvideo des Duos »hang massive« war die Initialzündung. Ab diesem Moment war er fasziniert. Wenn ihn etwas packt, dann ändert sich sein Leben, sagt er. Etwas Neues beginnt, etwas Altes muss weichen. Früher war er ständig mit dem Metalldetektor unterwegs, nahe der Schlossruine Oberbürg fand er Münzen. Dann kam das Hang. Immerhin ist es auch aus Metall: eine Konstante. Das Besondere an dem Instrument ist die Vielfalt der Klänge. Dennoch gelingt Neulingen schnell der Einstieg. Auch Albert spielte bald seine ersten Harmonien. Ein festes Übungsprogramm hat er indes nicht. Das würde, sagt er, nicht zum Hang passen. Wenn seine Finger kribbeln, dann fühlt er sich wie ein Kind, das die Mutter hinaus an die frische Luft schickt: »Geh raus, spiel und hab Spaß!« Kinderspiel? Ja: Etwas, was schon immer da ist, findet einen Ausdruck. Wird frei. Wird Klang. Was ist das? Etwas? Es ist ein Gefühl. Eigentlich fehlen die Worte. »Mystisch«? Vielleicht. Auch nur ein Wort.

Wenn ich länger spiele, erreiche ich einen Punkt, an dem mein Geist völlig zur Ruhe kommt.

Das Hang ist ein junges Instrument. Erfunden an einem Fluss. Nicht an der Pegnitz, sondern 2001 an der Aare in Bern. Die Schweizer Felix Rohner und Sabina Schärer kombinierten die Steelpan, ein Instrument aus der Südsee, mit einer indischen Hohltrommel, dem Gatham. Das Hang besteht aus zwei blechernen Halbschalen, die zu einem Hohlkörper, einer klingenden Kugel, verbunden sind. Auf der einen Schale befinden sich eine konvexe Erhebung, das »Ding«, und mehrere konkave Tonfelder. Die andere Schale hat ein Loch, das »Gu«. Töne entstehen, wie bei einer Klangschale, durch Schwingungen. Man schlägt mit den Fingern, der flachen Hand

Das Hang ist ein junges Instrument.
Erfunden 2001 an der Aare in Bern.

oder der Faust auf die Tonfelder und das Ding. Der Name »Hang« ist schweizerdeutsch und steht für »Hand« wegen des Spiels mit der Hand anstatt mit einem Schlägel. Mittlerweile gibt es viele Abkömmlinge. Sie alle nennen sich »Handpans«. Albert besitzt mehrere davon, das Hang aber bleibt seine Stradivari. Gute Handpans werden in der Szene für mehrere Tausend Euro gehandelt. Fans treffen sich zu Sessions, tauschen Instrumente. Es wird gespielt und improvisiert. Albert mag es, wenn sich zusammen mit anderen etwas entwickelt. Auch Publikum mag er gelegentlich. Wenn er sich gut fühlt, setzt er sich in die Fußgängerzone und spielt los. Beim Nürnberger Bardentreffen war er auch schon. Einmal in der Woche hat er einen Gig beim Nachmittagskaffee im Altenheim. Ein Lächeln huscht über das Gesicht einer Neunzigjährigen, ein Mann im Rollstuhl wippt mit den Füßen im Takt. Zaghafte Gesten, für Albert ist die Resonanz der Senioren eine der stärksten. Der Klang kommt zurück. An diesem Nachmittag am Fluss nähert sich Fritz Imschs Schafherde. Die Tiere spitzen die Ohren. Der Schäferhund legt sich zu Albert und lässt sich kraulen. Albert erinnert sich an ein Duett mit einem Vogel: »Ich saß hier und spielte ziemlich gut. Der Vogel begann, mit mir zu wetteifern. Er zwitscherte lauter und lauter. Es hörte sich so an, als wollte er mir etwas sagen. Ein besonderer Moment. It was really cool!« Spaziergänger fühlen sich von den Klängen angezogen. Kaum jemand kennt das Instrument. Manche bleiben stehen, zücken ihr Handy, filmen oder sprechen Albert an. Ein Radfahrer holpert über Wurzeln und Grasbuckel. Es ist Ben, Alberts australischer Freund. Reiner Zufall, dass er vorbeikommt. Er hat eine Gitarre dabei. Wieder Zufall. »Lass uns nach dem Fluss spielen. Let's play like the river flows«, ruft Ben. »Siehst du dort die Babyenten? Wie hören sie sich an? Let's try!« Ben beginnt zu zupfen, dann setzt Albert ein. Jeder der beiden spielt nach seiner Fasson. Sie umkreisen sich und finden zusammen. Es klingt gut. Richtig gut. Ben sieht die Fliegen über dem Wasser: »Hey look! They are dancing! Sie tanzen!«

PEGNITZPERLEN
Wo es schön ist

DIE BRUCHWEIDEN BEI MÖGELDORF

»Zwischen Ebenseesteg und der Satzinger-Mühle stehen einige große Weiden im Wiesengrund. Es sind Bruchweiden. Die Seitenäste biegen sich und brechen irgendwann. Die abgebrochenen Äste können erneut Wurzeln schlagen. Aus dem Stamm-Baum und seinen Abkömmlingen kann nach einer gewissen Zeit ein kleines Baumparadies entstehen. Ich setze mich gerne in den Schatten der Weiden und lese ein Buch. Meine Tochter klettert derweil immer neue Routen im Gewirr der Äste.«

ALBERT COURY

SOMMER IN DER STADT – NÜRNBERG AUF ITALIENISCH

FLORIN SCHOTTE
Gondoliere

Sonntagmorgen, Spätsommersonne. La dolce vita in centro storico: ein guter Cappuccino im Café an der Pegnitz. Unter dem Bogen der Fleischbrücke, Nürnbergs »Rialtobrücke«, schiebt sich gemächlich eine Gondel hervor. Fränkisch-italienische »Stadt am Fluss«-Idylle. Warum eigentlich nicht?

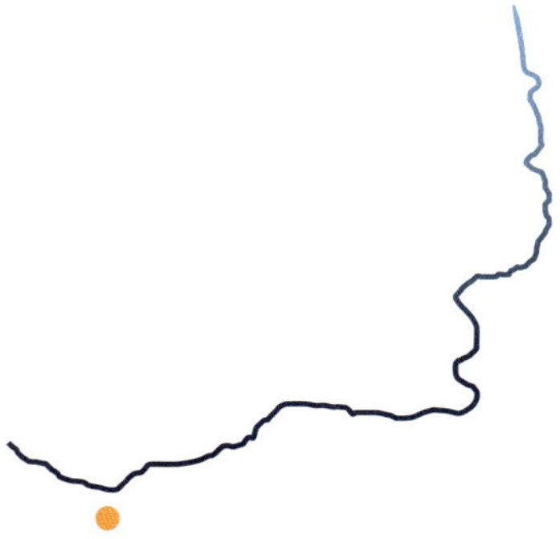

MIT DER GONDEL AUF DER PEGNITZ
AN DEN GÄRTEN BEIM TRÖDELMARKT.
DA IST ES FÜR MICH AM SCHÖNSTEN.

Nürnberg, Liebesinsel: Eine junge Frau spielt mit ihrem Pudel. Ein Ball kullert in den Fluss, der Hund bellt aufgeregt – sein Lieblingsspielzeug schwimmt davon. Frauchen beugt sich über die Ufermauer und plumpst dem Ball hinterher. Das Bellen des Hundes wird hysterisch. Ich beobachte die Szene, springe hinzu und reiche der Ertrinkenden meine Hand. Es gelingt mir, sie herauszuziehen. Sie ist gerettet! Und ich bin ihr Held. »Das war völlig ungefährlich«, amüsiert sich Florin Schotte, als ich ihm von meiner »Heldentat« berichte. »Die Pegnitz hat hier kaum Strömung und sie ist nicht tief, man kann locker darin stehen«. Schotte ist Gondoliere, der Fluss ist sein Revier. Er erzählt, dass öfter mal jemand in die Pegnitz rutscht, absichtlich oder unabsichtlich. Nicht immer ist das ganz ohne Risiko, der Fluss hat seine Tücken. Wenn Schotte mit seiner Gondel in der Nähe ist, dann hilft er. Der Mittzwanziger ist schon seit über fünfzehn Jahren im Geschäft. Die Nürnberger ticken nicht anders als der Rest der Nation. Da ist diese tiefe Sehnsucht nach dem Süden: la dolce vita. Und da ist eine lange Tradition von kulturellen und wirtschaftlichen Beziehungen zwischen der einstigen Reichsstadt und Italien. Schon die Baumeister der einbogigen Fleischbrücke ließen sich im Mittelalter von Venedigs Rialtobrücke inspirieren. Seit 1954 ist die Serenissima (»Durchlauchtigste«) Partnerstadt. Im Nürnberger Rathaus ist eine Gondel aufgestellt, sie ist beliebte Fotokulisse für Frischvermählte.

Oh, Italien … Die Pegnitz ist der Canal Grande und der Trödelmarkt die Piazza San Marco. Dort fand vor Jahren ein venezianischer Weihnachtsmarkt statt. Mitten in dem adventlichen Treiben ein kleiner Junge: der zehnjährige Florin Schotte. Erst kurz zuvor war er mit seiner Familie von Freiburg nach Nürnberg gezogen. Ein italienischer Händler sprach ihn an, fragte, ob er am Stand mithelfen wollte. Florin zögerte nicht und packte an. Die Arbeit machte ihm Spaß, er vergaß alles andere. Es wurde Abend. Sein Vater hatte ihn schon stundenlang gesucht, war verzweifelt und fand seinen Sprössling dann endlich am Trödelmarkt: inmitten seiner neuen italienischen Freunde. Diese hatten den kleinen Florin sofort ins Herz geschlossen. Der Händler hieß Alberto, war Venezianer und stolzer Besitzer einer original venezianischen Gondel. Schotte war fasziniert.

Venedig ist seit 1954
Nürnbergs Partnerstadt.

Ich will authentisch sein und keine Show abziehen.

Im Frühjahr begann die Gondelsaison an der Pegnitz. Und Schotte war von da an dabei. In den Folgejahren studierte er Albertos Technik. Wenn keine Kundschaft an Bord war, durfte er selbst ans Ruder. Eine Gondel steuert sich ganz anders als ein normales Ruderboot. Bei elf Meter Länge und sechshundert Kilogramm Leergewicht sind Kraft und Fingerspitzengefühl gefragt. Als der Nachwuchs-Gondoliere vierzehn Jahre alt war, durfte er endlich richtig ran: »Jetzt fährst du. Mit Kundschaft!«, rief ihm Alberto eines Tages zu. Schotte rutschte das Herz in die Hose. Sieben Passagiere gingen an Bord. Und wieder von Bord: trockenen Fußes nach einer Ausfahrt, die sie genießen konnten. Schotte hatte es geschafft. Seit dieser ersten Tour hielt er das Ruder unzählige Male in der Hand. Zuerst im Team mit Alberto, später alleine als Selbstständiger. Schotte, der im

FÜR EINE STUNDE IN DER GONDEL TRÄUMEN: VIELE MEINER GÄSTE SIND LIEBESPAARE.

bürgerlichen Leben Großhandelskaufmann ist, tourt in seiner Freizeit zu Veranstaltungen im In- und Ausland. Die Gondel hat er huckepack auf dem Hänger dabei. Im Schlosspark von Versailles wirkte er bei einer Gondelshow mit. Auf dem Frankfurter Hafenfest hielt die Bürgermeisterin die Eröffnungsansprache, stehend von seinem Boot aus. Wind kam auf, der Main wurde unruhig und die Gondel begann, wild zu schaukeln. Schottes ganzes Können war gefragt. Er blieb cool. Frau Bürgermeisterin zog die Stöckelschuhe aus. Sie hielt die Balance und ging nicht über Bord. »Das ist die Kunst des Gondoliere. In einer kritischen Situation nach außen locker zu bleiben. Ich darf beim Rudern nicht aus der Puste kommen und muss jederzeit einen Smalltalk mit meinen Gästen führen können«, sagt Schotte. Total entspannt wirkt er, wenn er auf der Pegnitz gondelt. Lässig winkt er in Richtung der gezückten Touristenkameras. Eine Tour, tausend Fotos. Eine Gruppe tingelt über die Insel an der Fleischbrücke: Junggesellinnenabschied. Schotte zwinkert. Die Mädels kichern. Ein paar Meter weiter grinst ein Passant: »Wohl am Canal Grande falsch abgebogen!« Schotte kennt all die Sprüche und Witzeleien. Sie wiederholen sich. »Wo ist dein Hut?« Schotte trägt keinen Hut.

»Los, sing doch mal. Cantare!«. Schotte singt nicht. Stattdessen kontert er stets mit seinem unwiderstehlichen Lächeln. In Venedig wird ja auch nicht ständig gesungen. Italienischer als Italien muss

Ich trage große Verantwortung. Meine Gondel ist elf Meter lang. Gefragt sind Kraft, Ausdauer und viel Fingerspitzengefühl.

nicht sein. Der Gondoliere will authentisch bleiben und keine Show abziehen. Seine Kundschaft soll bei einer entspannten Fahrt Nürnberg von einer ungewohnten Seite kennenlernen. Die Flussperspektive kann selbst für Einheimische etwas Neues sein. Oft chauffiert er auch Liebespaare, die einfach nur Zweisamkeit genießen wollen. Mit Heiratsanträgen ist jederzeit zu rechnen: Einmal buchte ein junger Mann eine Fahrt. Die Angebetete dinierte nichts ahnend mit ihren Freundinnen im Kon Tiki, direkt an der Pegnitz. Der aufgeregte Romeo hielt von der Gondel aus um ihre Hand an, durch die geöffneten Fenster des Lokals. Kurz darauf lagen sich die Liebenden in den Armen. Solch ergreifende Szenen sind ein Grund, warum Schotte Gondoliere aus Leidenschaft ist. Er mag die Leute und nimmt gerne für kurze Zeit an ihrem Leben teil.

Aber nicht jeder nähert sich der Gondel in friedlicher Absicht. Einmal klaute ein Mann die am Heilig-Geist-Spital vertäute Gondel und wollte die Pegnitz hinunterschippern. Für die Aktion hatte er sich zuvor extra eine blaue Hose und ein gestreiftes T-Shirt angezogen: Schottes Gondoliere-Outfit. Die Spritztour ging schief: Die Gondel krachte gegen eine Ufermauer, trieb weiter und konnte nur durch einen beherzten Sprung von Schottes Freund aufgehalten werden. Der Schaden war immens. Eine venezianische Gondel ist so teuer wie ein Mittelklassewagen, ihr Bau in Handarbeit dauert mehrere Monate.

Golden glänzt Schottes Gondel in der Sonne. Wenn der Wind über die Pegnitz streicht, dann flattert die rote Fahne mit dem Markuslöwen. Schottes Hafen ist die Liebesinsel, der flussaufwärts gelegene Graszipfel der Trödelmarktinsel. Beim Anlegen ist millimetergenaues Manövrieren gefragt, für Schotte ist das Routine. Bis zur nächsten Kundschaft bleibt Zeit für ein kurzes Nickerchen. Er legt sich auf den Bug der Gondel und döst ein paar Minuten. Danach wird er noch für einen Espresso am Trödelmarkt vorbeischauen. Die kleine »Piazza« ist sein zweites Zuhause. Er kennt jeden hier. Einige Häuser haben auf der Rückseite, zum Fluss hin, kleine Gärten. Am schönsten ist es für Schotte da, wo sich Mensch und Fluss nahekommen. Nicht von ungefähr ist für viele seiner Gäste eine bestimmte Stelle das Highlight: das Wehr oberhalb der Heubrücke, an dem die Gondel wendet. Für einen kurzen Moment darf die gezähmte Pegnitz hier eine wilde Galavorstellung geben: Sie stürzt und tost und schäumt. Das Wasser spritzt bis ins Boot. Ein bisschen nur, es sind ungefähr drei Tropfen. Auf den sich beruhigenden Wellen schaukelt die Gondel. Der Gondoliere hat alles unter Kontrolle. Die Gondel schaukelt sanft und drüben von der Brücke winken ein paar Menschen sehnsüchtig zu ihr hinunter.

»Come stai?«
»Va bene.«
Es ist Sommer in der Stadt.

PEGNITZPERLEN
Wo es schön ist

BALKONKONZERT

»Wenn ich einen guten Espresso trinken will, gehe ich auf einen Sprung zu ›Di Simo‹. Das kleine Café liegt an der Karlsbrücke. Viele Gäste setzen sich mit ihrer Kaffeetasse oder ihrem Weinglas auf das Brückengeländer und genießen die Atmosphäre. Ein Stockwerk über ›Di Simo‹ hängt ein Balkon über der Pegnitz. Auf dem spielt einmal im Jahr beim Bardentreffen die Band Ricky and the Redstreaks. Ich kenne die Jungs und freue mich jedes Mal darauf. Die Brücke und die Trödelmarktinsel sind dann voller Menschen.«

FLORIN SCHOTTE

DER HIMMEL ÜBER DER PEGNITZ

CELINE & CHRISTINA
Turmmädels

Über der Pegnitz schweben wie ein Vogel. Für zwei Studentinnen fühlt es sich fast so an, wenn sie aus ihrem Fenster schauen. Celine und Christina wohnen über den Dächern Nürnbergs, auf Augenhöhe mit Tauben, Möwen und Fledermäusen. Der mittelalterliche Wasserturm am Fluss ist zusammen mit dem Weinstadel ein begehrtes Studentenwohnheim. Und eines der beliebtesten Fotomotive der Stadt.

FÜR UNS FÜHLT ES SICH AN, ALS OB TURM
UND HAUS MITTEN IM FLUSS STEHEN.

»Bitte lächeln!« Die Teilnehmer einer Reisegruppe stehen dicht gedrängt auf der Nürnberger Maxbrücke. Nach Anweisung des Fotografen ziehen alle gleichzeitig den Mundwinkel hoch. Vielleicht ist es gar nicht wichtig, wie perfekt sie lächeln, denn die Szenerie in ihrem Rücken stiehlt ihnen die Show. Zwei Pegnitzarme vereinen sich unterhalb der Trödelmarktinsel. Hinter der großen Weide versteckt sich das Henkerhaus. Von ihm aus überspannt eine mit Fachwerk und Satteldach bebaute Sandsteinbrücke den Fluss. Sie war, bevor der Henker hier wohnte, ein Wehrgang und Teil der vorletzten Stadtbefestigung, genauso wie der Wasserturm auf der anderen Flussseite. Neben diesem steht ein prächtiges Fachwerkhaus mit hölzernen Loggien. Es wurde im Mittelalter errichtet, um Leprakranke zu versorgen. Allerdings nur für drei Tage in der Karwoche, den Rest des Jahres stand das Gebäude leer. Das ist alles lange her. Die Stadtmauer wurde längst verlegt, der Henker außer Dienst gestellt. Das Leprahaus nutzte die Stadt zwischenzeitlich als Weinlager. Der Weinstadel ist heute denkmalgeschützt und eines der bedeutendsten Fachwerkhäuser Deutschlands. In ihm lagert noch immer Alkohol. Aber nicht wie früher in Fässern, sondern in handlichen Flaschen zum schnellen Gebrauch. Weinstadel und der mit ihm baulich verbundene Wasserturm sind seit 1950 Studentenwohnheim.

Zwanzig Chinesen lächeln synchron. Klick. Endlich. Die Gesichtszüge des Fotografen entspannen sich. Von seinem Beifang hat er indes nichts bemerkt: Es sind zwei junge Frauen, die aus einem Fenster den Wasserturms von ganz oben hinunter zur Brücke winken. Für Celine und Christina ist der Rummel völlig normal. Er stört sie nicht. Im Gegenteil: Die Touristen bieten ihnen Abwechslung, manchmal auch Amüsement. Zugegeben: Ab und zu

Am Fenstersims sitzt jeden Abend eine Taube, gurrt mir ihr kleines Lied und fliegt in Richtung Burg davon.

spazieren die zwei Studentinnen hinüber zur Maxbrücke und gönnen sich dort selbst den Postkartenblick. Sie wohnen seit ein paar Monaten im sechsten Stock des Wasserturms. Dort oben hat jede von ihnen ein einfaches Zimmer mit Bett, Schreibtisch, Stuhl, Regal und Schrank. Toilette und eine kleine Küchenzeile nutzen sie gemeinsam. Mehr passt nicht zwischen die dicken Mauern aus dem Jahr 1325. Auch für Männer ist kein Platz. Im benachbarten Weinstadel ist es geräumiger, hier darf sich auch das starke Geschlecht breitmachen. Insgesamt dreiundsiebzig Zimmer zählt das Wohnheim. Keines gleicht dem anderen, Größe und Fensterzahl variieren. In einigen Zimmern liegt Teppichboden, in anderen PVC. Manche haben einen Erker.

Nur eines haben alle gemeinsam: schiefe Wände. Aber eigentlich stört das niemanden: Das Studentendomizil ist heiß begehrt, bei Hochschülern aus Deutschland und Austauschstudenten aus der ganzen Welt. Das alte Gebäude und die Atmosphäre sprachen Celine und Christina sofort an. Schnell war ihnen klar: Hier mussten sie wohnen. Sie ließen sich auf die Warteliste des Studentenwerks setzen und hofften. Es klappte: Die Zimmerzuteilung würfelte die zwei Erstsemester aus Niederbayern und Baden zusammen. Sie hatten sich vorher nie gesehen, auf einmal

In dem alten Gemäuer
ist für Männer kein Platz.

ES IST STILL BEI UNS OBEN. DAS HILFT BEIM PAUKEN.

waren sie eine Wohngemeinschaft. Celine hatte Glück. Ihr Zimmer liegt auf der Südseite mit einem grandiosen Blick auf die Stadt am Fluss. So als würden sie auf Treppenstufen stehen, türmen sich die Giebel der Häuser auf der anderen Seite des Tals hintereinander auf, gekrönt von der Lorenzkirche.

Während Celine in die untergehende Sonne blinzelt, sieht Christina den Burgfelsen im Abendlicht verglühen. Regelmäßiger Gast am Fenstersims ist eine Taube. Sie kommt angeflogen, gurrt ein Abendlied und flattert wieder davon. Die Stadt aus der Vogelperspektive. Wie herrlich muss es sein, zwischen Simsen, Giebeln und Wipfeln zu leben! Um Sebalduskirche und Burg kreisen Krähen in der Dämmerung. Langsam gähnen sich die Fledermäuse aus dem Schlaf. Tagsüber dösen sie im Dachboden, nur ein paar Meter über den Studentinnen. Lautlos schwirren sie bald um den Turm und tauchen in die Dunkelheit.

»Es ist still bei uns oben. Das hilft sehr beim Arbeiten und Lernen«, sagt Celine, die in Erlangen Chemie und Bioingenieurswesen studiert. Der Turm ist eine eigene Welt. Die Höhe hat es in sich. Zwischen sieben Stockwerken springt man nicht nach Belieben hin und her, selbst wenn man jung ist. »Wenn ich ein Wochenende zu Hause war, packt mir meine Mutter den Koffer immer randvoll. Für die Stufen hinauf in mein Zimmer brauche ich dann eine Stunde«, seufzt Celine und lacht. Um sich das Tragen der Getränkeflaschen zu sparen, trinken die Studentinnen lieber

Wasser aus der Leitung. Es gibt noch ein anderes Problem: Die Zimmer haben nur Waschbecken, die Duschen sind im Keller. Vom Himmel in die Unterwelt und zurück: Die Morgentoilette wird zum Fitnesstraining. Solch Schicksal schweißt zusammen. »Turmmädels« nennt sich die verschworene Gemeinschaft. Neben spontanen Sit-ins werden gemeinsame Aktivitäten organisiert: Wie etwa die »Tour de Chambre«, eine Art Kneipentour durch die Zimmer. Hinter jeder Türe eine neue Überraschung. »Das war gut zum Kennenlernen«, sagt Christina. Und Celine: »Ich glaube, es gibt weit und breit kein Wohnheim mit so viel gemeinschaftlichen Aktivitäten.« In regelmäßigen Abständen werden Wohnheimpartys organisiert. In die gute Stube dürfen die Studenten bei solchen Anlässen allerdings nicht. Der Hausmeister wacht darüber, dass die historische Altdorfstube das Hausheiligtum bleibt. Hier speisten einst vornehme Professoren. Nur einmal im Semester, am »Magic Monday«, sperrt der Hausmeister die Türe auf. An diesem Tag wird ein gemeinschaftliches Büfettessen zelebriert, zu dem jeder ein Gericht kocht. Die Semesterhighlights müssen geplant werden. Das ist die Aufgabe des Heimleiters. Die Rolle hat ein Student inne, der sich zusammen mit dem Seniorrat um Feste und Alltägliches kümmert. Sei es die gemeinsam verwaltete Wäsche- und Bierkasse oder ein Wohnheim-T-Shirt. Die beiden Studentinnen sind sich einig: »Jeder kennt hier jeden. Der besonderere Zusammenhalt hat mit dem Gebäude zu tun: Wenn du wo gerne wohnst, dann bist du dort nicht nur zum Schlafen. Es macht Spaß, hier zu wohnen.«

»Mir gefällt nicht nur das Wohnheim, sondern auch die Umgebung. Ich hätte auch in München studieren können, aber die Stadt ist mir zu groß«, so Christina. »Nürnbergs Stadtmauer hält alles zusammen. Die Altstadt ist so kompakt, dass ich alle wichtigen Orte in wenigen Minuten zu Fuß erreichen kann. In der Uni bin ich in zehn Minuten. Auch zum Shoppen ist es hier toll. Und für abends gibt es jede Menge Bars und Kneipen. Und das alles für eine sehr niedrige Miete. Was willst du mehr?« Und dann ist da noch der Standortfaktor Fluss. Die zwei Turmmädels hatten zuvor noch nie von der Pegnitz gehört. Wie wäre es, hier zu wohnen ohne den Fluss unterhalb des Fensters? Zum Beispiel mit einer Fußgängerzone stattdessen? »Dann würde etwas fehlen«, antworten die beiden. »Ohne Fluss wäre alles anders.« Der Weinstadel steht nicht nur einfach neben dem Fluss. Kaum ein Haus in der Stadt bringt seine Bewohner dem Wasser so nahe. Die Sonnen-Loggien schieben sich vom Gebäude über die Pegnitz und sind beliebter Treffpunkt der Studenten. »Wenn ich auf der Loggia bin, kommt es mir vor, als stünde das ganze Haus mitten im Fluss«, sagt Christina. »Ich schaue gerne auf das Wasser, das unter mir strömt. Ich stelle mir dann vor, dass es Erinnerungen und Erfahrungen mit sich trägt.«

Zur Uni sind es zehn Minuten, zum Ausgehen ist es hier super. Nürnbergs Altstadt ist kompakt.

Der Fluss ist ganz nah. Er klettert sogar hinauf in den Turm. Im Schutz der Dunkelheit steigt er durch Celines Fenster im sechsten Stock. Von ihrem Bett aus sieht sie ihn an der Wand schimmern. Es ist das vom Wasser reflektierte Licht eines Scheinwerfers. »Das ist so beruhigend, ich könnte es mir stundenlang ansehen«, erzählt Celine von dem nächtlichen Tête-à-tête. Stunden werden es nie. Denn der Fluss wiegt sie schnell in den Schlaf. Schon nach wenigen Minuten.

PEGNITZPERLEN
Wo es schön ist

DER STADTSTRAND

»Ich freue mich auf den Sommer. Dann verwandelt sich die Insel Schütt in einen Sandstrand. Die Pegnitz mimt das Meer und schon kommt Karibikfeeling auf. Liegestühle unter Palmen laden zu einem entspannten Nachmittag ein, bei coolen Drinks aus der Poolbar. Wer es sportlich mag, kann Beachvolleyball spielen. Am Stadtstrand trifft man garantiert viele Studenten.«

CHRISTINA

Staatsarchiv Nürnberg, Reichsstadt Nürnberg, Karten und Pläne 230

Nürnberg, aus dem Pfinzing-Atlas, 1594

Der Fluss – die Stadt

Wie mag es auf dem heutigen Nürnberger Stadtgebiet ausgesehen haben, als noch keine Stadt da war, nur der Fluss und seine Landschaft? Nach dem Abzug der Kelten war die Gegend über mehrere Jahrhunderte menschenleer. Die Wildnis kam zurück. Jüngste Forschungsergebnisse entwerfen folgendes wahrscheinliche Bild: Aus den Baumwipfeln der dichten Wälder ragten nördlich der Pegnitz nur die Türme des Burgfelsens. Südlich, zum Beispiel auf dem Areal des heutigen Kornmarkts, befanden sich mehrere Sanddünen. Zwischen den Anhöhen gestaltete die Pegnitz als ungezähmter Fluss das Geländeprofil, wie es noch heute zu erkennen ist: eine enge Passage mit einem steilen Prallhang auf südlicher, Lorenzer Seite und einem flachen Gleithang auf nördlicher, Sebalder Seite. Vor seiner Engstelle in der Altstadt fächerte sich der Fluss in mehrere Arme auf. Es war die Urlandschaft der Wöhrder Wiese, damals ein Feuchtgebiet durchzogen von Schilfgürteln. Die Insel Schütt und die Trödelmarktinsel existierten bereits als natürliche Flussinseln.

In dieser urtümlichen Gegend siedelten sich nach langer Unterbrechung im 9. Jahrhundert wieder Menschen an. Die ersten, die kamen, waren Slawen. Diese wohnten gerne in der Nähe eines Gewässers und pflockten ihre Hütten in die Sandbänke des flachen, nördlichen Flussufers, ungefähr auf der Fläche zwischen Hauptmarkt und Anstieg der Hochterrasse. Mindestens einmal im Jahr, beim großen Frühjahrshochwasser, wurden die Hütten vom Fluss vermutlich komplett »ausgeräumt«. Der Fluss, eine Naturgewalt, die der Mensch ganz langsam zu bändigen begann: Gelände wurde aufgeschüttet und befestigt, die Stadt kletterte vom Sebalder Ufer aus den Burgberg hinauf. Südlich der Pegnitz bildete sich ein zweiter Siedlungskern. Beide Stadtteile wuchsen zusammen und im 14. Jahrhundert wurden ihre zunächst eigenständigen Befestigungen über den Fluss baulich verbunden.

Computer-Simulation: Blick von der westlichen Lorenzer Altstadt nach Nordosten, über das Pegnitztal in Richtung Burgberg

AM JORDAN

SABIH ALSOHAIRY
Mandäer

Professor Dr. Sabih Alsohairy lebte im Irak, so wie seine Vorfahren seit vielen hundert Jahren. Dann begann der Exodus. Religiöse Minderheiten verließen das Land. Alsohairy wohnt jetzt in Nürnberg, so wie viele seiner Glaubensbrüder und -schwestern: die Mandäer. In den Zeremonien seiner Religionsgemeinschaft spielt Wasser eine zentrale Rolle. Nicht irgendwelches Wasser: Es muss fließend und lebendig sein.

UNSERE RELIGION IST OHNE
DEN FLUSS NICHT DENKBAR.

An seinem Oberlauf zu Füßen des Himalaja ist der Ganges noch von solcher Reinheit, dass es niemand wagt, in ihm zu fischen. Dies käme einem Verbrechen gleich. Der Ganges ist eine Gottheit: Mutter Ganga. Es gibt weitere »Heilige« unter den großen Flüssen: den Nil etwa, der Fruchtbarkeit bringt über das dürre Land. Ursprung vieler imposanter Ströme ist eine unscheinbare Quelle. Euphrat und Tigris entspringen im Garten Eden, sagt die Bibel. Die Flüsse werden häufig assoziiert mit dem Paradies, dem Göttlichen und Ursprung allen Lebens. Und zugleich mit Vergänglichkeit und dem Ende des Lebens. In der griechischen Mythologie markiert der Fluss Styx den Übergang ins Totenreich. Das Eintauchen in den dunklen Fluss ist wie ein Tod. Das anschließende Auftauchen wie Auferstehung und Neugeburt. Die christliche Taufe in ihrer usprünglichen Form: Eintauchen und Auftauchen, Ende und Anfang. Als Jesus von Johannes im Jordan getauft wurde, war dies nicht nur eine persönliche Wiedergeburt, sondern auch eine epochale Wende: Christus offenbarte sich als Gottes Sohn. Dieses

Das Wasser reinigt unseren Körper und die Taufe reinigt unsere Seele. Der Fluss gibt uns spirituelle Energie.

Ereignis feiern orthodoxe Christen noch heute Jahr für Jahr am 6. Januar: Zu Epiphanias tauchen sie in frostige Gewässer. Gläubige nennen diese Zeremonie »ihren Jordan«. Der echte Jordan entspringt auf den schneebedeckten Höhen des Libanon. Er ist ein kleiner Fluss, nur etwa doppelt so lang wie die Pegnitz und nicht viel breiter. Aber er ist ein sehr wichtiger Fluss. Und die Pegnitz? Angesichts dieser honorigen Verwandtschaft? Bedeutend? Heilig? Wenigstens ein bisschen? »Die Pegnitz ist der Jordan«, sagt Professor Sabih Alsohairy ohne mit der Wimper zu zucken. Große Worte. Er meint es ernst. »Andere sagen: Die Pegnitz ist die Pegnitz, der Jordan ist der Jordan. Wir sagen: Die Pegnitz ist der Jordan. Nicht als Symbol. Sie ist es wirklich. Für uns Mandäer bedeutet ›Jordan‹ lebendiges Wasser. Alle Flüsse haben dieses Leben in sich. Sie alle sind ›Jordan‹, so wie es die Pegnitz ist. Unsere Religion ist ohne den Fluss nicht denkbar, die Pegnitz ist für uns ein kultischer Fluss. Wir lassen uns in ihr taufen. Das Wasser reinigt unseren Körper und die Taufe reinigt unsere Seele. Wir spüren das Lebendige, der Fluss gibt uns spirituelle Energie.«

Der letzte Prophet, auf den sich die Mandäer berufen, ist Johannes der Täufer. St. Johannis heißt auch der Nürnberger Stadtteil, in dem die Taufzeremonien stattfinden. Die Gläubigen versammeln

Der Priester zieht mit dem Stab einen Kreis ins Pegnitzwasser: das imaginäre Taufbecken.

WIR SIND PAZIFISTEN. GEWALT IST FÜR UNS TABU. WIR RESPEKTIEREN ALLE MENSCHEN.

sich immer an der gleichen Pegnitzuferstelle in der Nähe des Westbads. An einem Sonntagmorgen im Juni 2017: Ein Mandäer heiratet eine Mandäerin. Vor der eigentlichen Hochzeit sollen beide getauft werden. Rabi Rafid Alsabti ist Priester und zu der Zeremonie extra aus den Niederlanden angereist. Er trägt einen Turban, die Kleidung ist komplett in Weiß. Sie besteht aus sieben Teilen, die allesamt akkurat nach genauen Regeln angelegt sein müssen. Sabih Alsohairy umarmt den Priester zur Begrüßung, danach steigt dieser in die Pegnitz, wäscht sich darin Hände und Gesicht und taucht den mitgeführten Stab ins Wasser. Den Stab aus Olivenholz wird er während der gesamten Taufhandlung nicht mehr aus der Hand geben. Alle weiteren Kultgegenstände passen in einen Leinenbeutel: eine kleine Altar-ähnliche Holzkiste, Trinkgefäße und eine Tonschale zum Entzünden von Weihrauch. Der Priester beginnt nun, Gebete zu murmeln, und liest aus einem liturgischen Buch. Alles auf Mandäisch. Die Sprache ist fast identisch mit dem Aramäischen, der Sprache Jesu. Unterdessen füllt sich das Flussufer mit dem ganz normalen Sonntagspublikum. Motorroller knattern. Campingmöbel und Zelte wachsen im Zeitraffer aus dem Wiesengrund. Handtücher werden fast bis unter die Füße der Mandäer gerollt, erste Badenixen im Bikini planschen. Die von den Grills aufsteigenden Gerüche verbinden sich mit dem Duft des mittlerweile entzündeten Weihrauchs zu einer seltsamen

Melange. Die Szenerie wirkt irreal. Professor Alsohairy und ein cooler Mandäer mit Sonnenbrille und Trilby-Hut plaudern entspannt mit Passanten, die meinen, in ein orientalisches Filmset geraten zu sein. Nach ungefähr einer Stunde hat der Priester seine aufwendigen Vorbereitungen abgeschlossen und zieht nun mit der Spitze seines Stabs einen Kreis ins Wasser. Dieser Kreis ist das imaginäre Taufbecken. Zuerst wird darin der Bräutigam getauft. Der Priester überschüttet ihn dreimal mit Pegnitzwasser und gibt ihm dann das Wasser zu trinken. Das Ritual für die Braut ist das gleiche. Beide tragen einen Ring aus geflochtenen Myrtenblättern. Am Ende der Zeremonie legen sie die Ringe in die Pegnitz. Diese treiben noch nebeneinander den Fluss hinunter, als die Hochzeitsgesellschaft längst aufgebrochen ist. Das eigentliche Hochzeitsfest wird mit vielen hundert Gästen an anderer Stelle gefeiert.

Die Mandäer tragen ihre Rituale von Generation zu Generation und halten so die Glaubensgemeinschaft zusammen. Die Glaubenslehre aber wurde weitgehend vernachlässigt. Es gibt zwar uralte handgeschriebene heilige Bücher auf Mandäisch, aber die kennen und verstehen nur wenige. Eigene Schulen und Religionsunterricht waren in den Herkunftsländern verboten. Alsohairy wuchs im Irak auf, wo die Ursprünge der Mandäer liegen könnten. Genauer in Mesopotamien, zwischen Euphrat und Tigris. Das Zweistromland ist von jeher ein Gebiet kultureller und religiöser Vielfalt. Auch heute noch leben in arabischen Ländern viele Minderheiten: Juden und Christen in der Diaspora und Mini-Konfessionen wie Jesiden, Drusen, Bahai, Zoroastrier, Alawiten und Aleviten. Besonders in den ersten Jahrhunderten nach Christi Geburt war der Nahe Osten ein brodelnd-kreatives Labor. Es entstanden zahlreiche religiöse Strömungen, häufig als »Spin-offs« des Christentums. Viele davon werden der Gnosis zugerechnet. Gnostiker glauben an eine dualistische Welt, aufgeteilt in ein materielles Diesseits und ein ewiges, göttliches Jenseits. Durch Erkenntnis und geheimes Wissen kann der von Gott getrennte Mensch das Göttliche erahnen. Mandäer – die Wissenden – sind Gnostiker.

Der Mandäismus ist eine monotheistische Religion. Ihre Gottheit nennen die Mandäer »Haji« – der Lebendige. Haji beherrscht die Welt des Lichts. Die materielle Welt liegt zwischen der göttlichen Lichtwelt und einer gottfernen Finsternis. Die Seele ist ein versprengter Funke und sehnt sich zurück ins Licht. Stirbt der Mensch, kehrt sie zurück. Nach dem Ende der Welt existiert allein die Lichtwelt und die Zeit allen menschlichen Leidens ist vorbei. Ist die Rückkehr der Seele an Bedingungen geknüpft? Für die Mandäer sind ein guter Lebenswandel und die Befolgung der

rituellen Regeln entscheidend. Alsohairy glaubt, dass die Seele so oder so zum Licht zurückkehrt. Das ist ihre Natur. Entspannend: Alsohairy kennt kein Ringen um Erkenntnis und keine Buße, keinen inneren »heiligen Krieg« und keinen äußeren. »Wir sind Pazifisten«, sagt er. »Gewalt ist für uns tabu. Wir respektieren alle Menschen. Wer will, kann unsere Gemeinschaft verlassen.« Aber eintreten kann nicht, wer will. Überhaupt niemand kann eintreten. Mandäer wird man nur durch Geburt und Mandäer dürfen nur Mandäer heiraten. Bekehrung und Mission? Fehlanzeige! Trotzdem haben die Mandäer überlebt. Ihre Religion ist die älteste noch heute existierende Vertreterin der antiken Gnosis. Es gibt jedoch neue gnostische Strömungen von den Rosenkreuzern bis hin zur Esoterik. Alsohairy grenzt sich von diesen bewusst ab: »Mandäer sind anders. Wir sind kein Geheimbund, hüten keine elitäre Erkenntnis und entrücken uns nicht. Unsere Zeremonien finden in aller Öffentlichkeit statt: an der Pegnitz.«

Die Mandäer sind Exoten. Weltweit gibt es nur etwa siebzigtausend. Bis zum jüngsten Exodus infolge der Golfkriege lebten sie als Minderheit im Irak und Iran. Zeitweise geduldet, zeitweise unterdrückt und verfolgt – in jüngster Zeit von extremistischen Muslimen, vor vielen Jahrhunderten auch von Juden und Christen. Die Mandäer versteckten ihren Glauben, passten sich an, wurden pragmatisch und tolerant. Alsohairy pflegt gute Kontakte zu Andersgläubigen. Zu seinem Freundeskreis gehörten schon immer Muslime und Christen. Seit jeher feiert seine Familie Weihnachten nach christlicher Tradition, ganz gediegen mit Weihnachtsbaum. Seine Frau bäckt leckere Klecha, Plätzchen gefüllt mit Datteln und Walnüssen, nach irakisch-mandäischem Rezept. An Weihnachten kommt die ganze Familie zusammen.

Ich hatte keine Ahnung von Religion. Ich war einfach Mandäer von Geburt an.

Alsohairy verschlug es 1963 erstmalig nach Deutschland. »Ich wusste, dass Deutschland ein wunderbares Land ist. Deshalb wollte ich Germanistik studieren.« Er kam als Student nach Hamburg. Die Hafenstadt wählte er, weil er Fußballfan war. Der HSV hatte damals einen Lauf. Ein Professor überredete ihn, auf den Studiengang Orientalistik umzuschwenken. Alsohairy begann, sich mit den Grundlagen seines Glaubens zu beschäftigen. »Das war für mich etwas völlig Neues. Vorher hatte ich keine Ahnung von Geschichte und Religion. Ich war einfach Mandäer von Geburt an.«

Er promovierte über das Mandäertum, lernte Mandäisch, las und interpretierte die Ginza, das heilige Buch, und lehrte an den Universitäten von Bagdad und Basra. Dazwischen hielt er Vorträge in Deutschland, kehrte aber immer wieder in den Irak zurück, bis sich die Lage dort in Folge des Terroranschlags auf das World Trade Center zuspitzte. Alsohairy blieb nach dem Ende einer Gastprofessur 2002 in Deutschland. Dann die US-amerikanische Invasion in den Irak: Der Fundamentalismus erstarkte und der Islamische Staat (IS) wurde aktiv. Alsohairy beschloss, nie mehr in den Irak zurückzukehren. Er und seine Familie beantragten Asyl. Seit 2008 ist er deutscher Staatsbürger. Nürnberg, seine neue Heimat, entwickelte sich zu einem Zentrum der Mandäer, neben München, Stuttgart und Düsseldorf. Am fränkischen Jordan leben ungefähr eintausenddreihundert Mandäer. Alsohairy fühlt sich wohl und ist aktiv: als Ansprechpartner für das Flüchtlingswerk der Vereinten Nationen oder das Bundesamt für Migration und Flüchtlinge. Oder als Sprecher und Interessenvertreter der Nürnberger Mandäer-Gemeinde. Auch mit Oberbürgermeister Ulrich Maly sprach er schon, in der Hoffnung, einen festen Versammlungsraum für die Gemeinde zu finden. Bisher allerdings ohne Erfolg. Alsohairy ist dankbar, dass die Mandäer in der Frankenmetropole eine neue Heimat fanden. »Viele von uns besitzen inzwischen die deutsche Staatsangehörigkeit. Wir haben uns schnell eingelebt und denken nicht viel über Integration nach. Die ist für uns selbstverständlich.« Klingt gut, solange die Mandäer nicht ihre einzigartige Identität verlieren. In Alsohairys Gesicht legen sich Sorgenfalten: »Wir Mandäer sind Zeugen der Vergangenheit. Die Jungen aber könnten unsere uralten Rituale und Traditionen vergessen. Befreit von der Unterdrückung, leidet der Zusammenhalt.« Die Zukunft der Mandäer scheint unsicher wie die Richtung eines Flusses nach der nächsten Biegung. Seltsam, dass die Worte Mandäer und Mäander fast die gleichen sind.

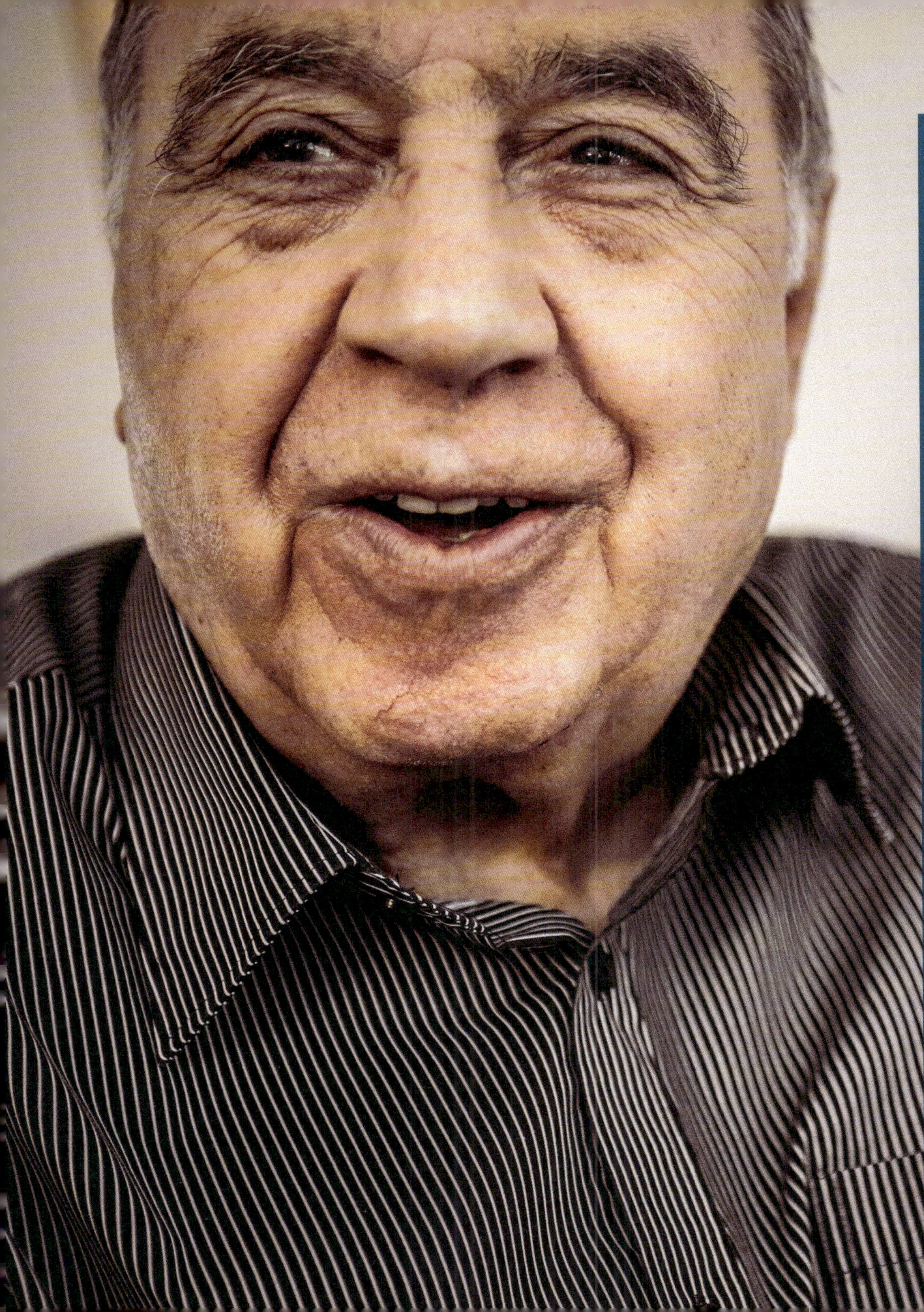

PEGNITZPERLEN
Wo es schön ist

DAS SCHÖPFRAD

»Mein Lieblingsplatz ist in der Nähe des Westbads. Dort halten wir Mandäer unsere Taufen ab. Die Pegnitz ist gut zugänglich. Oft feiern wir nach den Taufen noch auf den Wiesen weiter. Natur mitten in der Stadt! Beim Lederer-Steg dreht sich ein Schöpfrad. Das erinnert mich an den Irak: Solche Schöpfräder standen auch früher am Tigris, um die Felder zu bewässern «

SABIH ALSOHAIRY

AUF DER PLATTE UNTER DER BRÜCKE

COBRA
Überlebenskünstler

Bank, Tisch, Couch, Teppich, Grill. All das hat Cobra beim Brückenfestival abgestaubt. Ganz legal. Die Matratze ist eine Spende des Skaterclubs. Cobras Wohnung ist möbliert, fast heimelig, aber es fehlen Türen und Wände. Da sind nur die Betonpfeiler der Brücke. Sie wurde 1970 errichtet und sollte das Pegnitztal für den Autoverkehr vierspurig verschwinden lassen. Etwas Seltsames ist passiert: Der schmucklose Betonklotz hat das Tal aufgewertet. Nicht als Bauwerk, sondern als Ort für Menschen. Die Theodor-Heuss-Brücke ist eine Institution. Man kann unter ihr Feste feiern oder ein ganzes Jahr unter ihr leben. Cobra tut beides. Es ist seine Brücke. Es ist seine Platte.

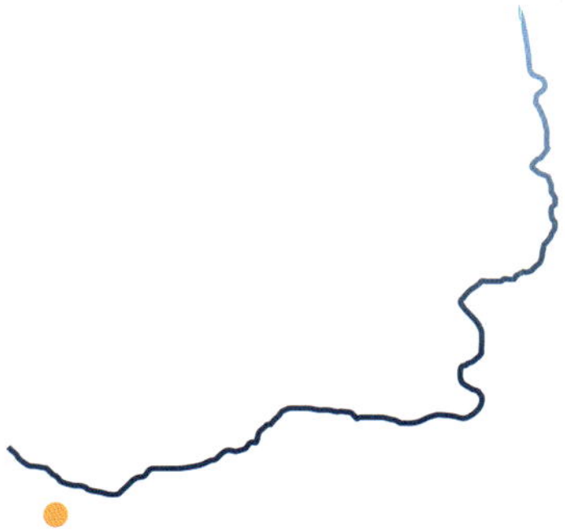

NÜRNBERG
THEODOR-HEUSS-BRÜCKE

MEIN RUCKSACK IST GEPACKT.
KOCHER, MESSER, AXT, ISOMATTE,
SCHLAFSACK, THERMOUNTERWÄSCHE.
DAS IST ALLES, WAS ICH BRAUCHE.

Drüben am anderen Ufer röhrt Rio Reiser. »Ich hab getrunken, geraucht und gebetet. Hab dich flussauf- und flussabwärts gesucht. Doch jetzt tut es nicht mehr weh. [...] Es ist vorbei, bye, bye, Junimond.« Es gibt viele Monde. Die meisten verkriechen sich bleich und abgemagert in die Augenwinkel, verhuschen im Vorbeigehen zwischen zwei Sätzen. Der volle Rio-Mond ist traurig, aber auch stark und schön. Wir sitzen auf dem warmen Betonboden und schauen zu ihm hinauf. »Jetzt lächelt er«, sagt Cobra. »Siehst du sein Gesicht?« Wir schweigen. Der Fluss rauscht leise wie ein endloser Güterzug in der Ferne. Den ganzen langen Sommertag waren die Wiesen voller Menschen. Sie lachten und redeten, ein Kerl mit Rastalocken trommelte unablässig auf seiner afrikanischen Djembe. Bis zur Ekstase. Dann verstummte die Trommel von einem Schlag auf den anderen. Die Leute packten ihre Sachen und gingen. Jetzt ist es still, so als wäre nichts gewesen. Nur noch Rio und die Grillen sitzen im angetauten Gras. Er spielt das Ende, ein schwermütiges Gitarrensolo, sie bezirpen hoffnungsvoll den Lächelnden. Bald ist es Mitternacht. Cobra ist der Letzte. Kein Anlass für ihn, nach Hause zu gehen. Er ist ja schon zu Hause, hier unter der Brücke. Im Sommer ist es angenehm schattig, bei Regen bleibt es trocken und wenn im Winter die Kälte durch das Tal kriecht, ist es hier ein paar Grad milder. Andere, die sich jeden Abend eine Parkbank suchen müssen, gäben viel für solch eine Bleibe. Cobra weiß das: »Wenn jemand kommt, der nichts hat, dann jage ich ihn nicht weg. Ich teile das letzte Hemd, das allerletzte.«

Zwischen halb eins und drei schwebt eine Raumsonde im Osten über der Stadt.

Wenn jemand kommt, der nichts hat, dann jage ich ihn nicht weg. Ich teile das letzte Hemd, das allerletzte.

So ist er kaum eine Nacht allein. Zurzeit wohnen zwei Freunde mit in der Brücken-WG. An diesem Abend ist noch ein weiterer Kumpel zu Besuch. Stundenlang saßen sie zu viert am Lagerfeuer, direkt neben der Pegnitz. Grillten Würstchen mit Kartoffeln, palaverten und drehten sich Zigaretten. Die Sommerabende sind lang. »Zwischen halb eins und drei schwebt eine Raumsonde über der Stadt. Das sieht hammergeil aus.« Wenn Cobra einschläft, ist die Sonde wieder verschwunden. Am frühen Morgen hüpft Tusnelda über den Schlafsack. Tusnelda, der Spatz, gehört zu Cobras Haustieren genauso wie Hasi, das Kaninchen, oder das Entenpärchen Erwin und Barbara. Tusnelda ist Cobras Liebling. »Die Gutste«, sagt er zärtlich in reinstem Sächsisch. Eigentlich ist er gar nicht zart besaitet. Aufgewachsen im Erzgebirge, absolvierte er dort eine Ausbildung zum Elitesoldaten. Schneeberg, Gebirgsjägerbataillon 571, Spezialeinheit Cobra. Seitdem hat Cobra diese auffällige Tätowierung auf der Hand: eine Kobra. Sie umschlingt den Körper einer nackten Schönen. Als Söldner verschlug es ihn Anfang der Zweitausenderjahre in den Kosovo, den Irak und nach Afghanistan. Verletzungen und schlimme Erinnerungen nahm er von dort mit nach Hause. Als er nach den Kriegen zurückkam, fand er die Wohnung in der Nähe von Zwickau leer. Seine Frau hatte alles ausräumen lassen. Sie hinterließ einen Trennungsbrief

ANDERS KANN ICH NICHT ÜBERLEBEN.

und einen Berg von Schulden. Cobra, der Kampferprobte, der Harte, war darauf nicht vorbereitet. Er bemühte sich um eine andere Wohnung in der Stadt. Ohne Erfolg. Vielleicht kämpfte er zu wenig dafür, weil ihm das bürgerliche Leben nach den Söldnerjahren fremd geworden war. Vielleicht, weil tief in ihm schon immer dieser Drang nach Freiheit war. »Ich sagte mir damals: Es ist mir egal, ob ich auf die Straße muss. Ich überlebe das! Mittlerweile ist es so: Wenn ich in eine Wohnung komme, dann werde ich wahnsinnig. Vier Wände sind mir zu eng.« So begann für Cobra das Leben »auf der Platte«. Zunächst für ein paar Jahre in Zwickau, dann verschlug es ihn der Liebe wegen von Sachsen nach Franken. Die Liebe ging, er blieb. Es war ein Glücksfall, dass er den geschützten Platz unter der Theodor-Heuss-Brücke fand. Mehrere Tausend Autos rumpeln jeden Tag über seinem Kopf. Cobra stört der Verkehrslärm nicht, nicht einmal zur Rushhour. Er schläft lang, und es wird meistens früher Nachmittag, bis er loszieht. »Ich halte mich mit Schnorren über Wasser. Anders kann ich nicht überleben.« Froh ist er, dass es Angebote gibt wie die Wärmestube am Bahnhof oder die Straßenambulanz der Franziskaner. »Du kannst dort zum Arzt gehen, duschen, essen und deine Wäsche waschen. Das ist die beste Anlaufstelle weit und breit.« Und dann gibt es da noch die Hilfe, mit der er nicht rechnet.

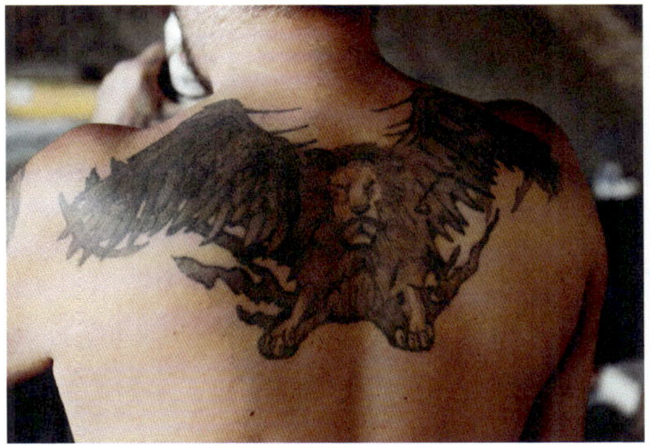 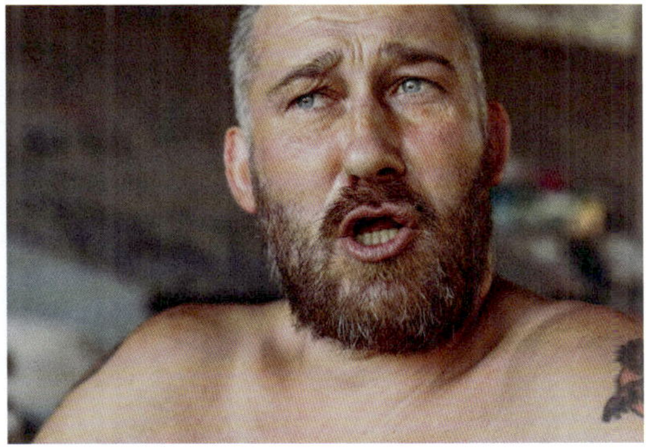

An einem eiskalten Winterabend tauchte plötzlich eine Pizza-Bäckerin unter der Brücke auf. Mit Familienpizza und Tee in Thermoskannen. Anwohner und Studenten bringen regelmäßig Essen und Kleidung vorbei. Cobra ist dankbar und revanchiert sich. Eine Kirchenfrau fragte ihn nach einem guten Grillplatz für ihre Kindergruppe. »Kommt zu uns«, entgegnete er und baute Bänke, Zelt und Grill auf. »Wir hatten einen Heidenspaß und spielten mit den Kindern Fußball.« Gleich neben der Brücke ist ein Bolzplatz. Wenn die Freizeitkicker noch einen Spieler brauchen, dann ist Cobra zur Stelle. Als Torwart. Das war er früher auch immer, als er noch im Verein spielte. An der Brücke ist immer viel los. Skater sind oft hier, das Gelände hat ein Skaterclub von der Stadt gepachtet. Cobra kommt gut mit den Jungs klar. Er ist für sie eine Art Platzwart, passt auf das Material und die Rampen auf. Drüben auf der anderen Seite der Pegnitz herrscht im Sommer auf den Grünflächen ein buntes Treiben: Chillen und Grillen, Musik und Party. Cobra liebt das und schaut gerne von seiner Platte aus zu. »Wenn ich an der Mauer sitze, rufen manchmal Leute von drüben: ›Hey wie geht's? Kommste mal rüber?‹ Dann ab in die Fluten und rübergeschwommen. Ich unterhalte mich ein bisschen und bekomme ein Bierchen spendiert.« Cobra ist gerne im Wasser. Ein paar Meter flussaufwärts befindet sich eine seichte Stelle. An heißen Sommertagen setzt er sich dort in die Pegnitz. Und er schwimmt den Fluss hinunter, sogar die Stromschnelle unter der Brücke. Die ist gefährlich. Einmal lag ein Einkaufswagen im Wasser. Ein Vater war mit seinem Sohn im Kanu unterwegs, übersah das Hindernis und kenterte. Cobra rettete die beiden. Das ging schnell. Für die Bergung des in der starken Strömung gefangenen Kanus brauchten er und die anderen Helfer drei Stunden.

Wie wäre alles ohne Fluss? »Das ginge gar nicht«, grinst Cobra. Dann holt er unter seiner Couch ein paar Bälle hervor. »Da sind richtig gute Fußbälle dabei. Für so ein Stück springe ich sofort ins Wasser. Aber da ist viel mehr als nur angetriebene Bälle. Das Flussrauschen zum Beispiel. Es ist für mich entspannend. Oft liege ich nachts einfach nur da und lausche.« Cobra, der Naturmensch:

Er erzählt, er läuft seit dreizehn Jahren ohne Schuhe durch die Welt, überall und zu jeder Jahreszeit. Barfuß, sagt er, stapfte er auch durch den Erzgebirger Hochwald und holte sich eine Blautanne. Er hatte zuvor lange gespart für den Trip in seine alte Heimat. Die Tanne stellte er dann als Christbaum in Nürnberg auf. Und einen Adventskranz organisierte er. Friedliche Weihnacht unter der Theodor-Heuss-Brücke. Romantik und Freiheit? Ist das sein Leben? Es sind die Highlights. Der Alltag auf der Platte ist hart. Cobra hat Schmerzen. Sie rühren von Verletzungen aus der Zeit bei der Kampftruppe. Er benötigt Medikamente. Ein Bekannter hat ihm Entspannungstechniken beigebracht. Seitdem er jeden Tag Tai Chi am Fluss macht, erträgt er die Schmerzen besser.

Was wird in einem Jahr sein? Es gibt keine Sicherheit. Zweimal schon haben Unbekannte sein Hab und Gut komplett abgebrannt. Er kann sich nicht darauf verlassen, dass er unter der Brücke bleiben darf. Derzeit duldet die Stadt das Lager noch. Kürzlich war ein Beamter vom Ordnungsamt zur Kontrolle da. »Es würde mir schon reichen, wenn mir die Stadt ein kleines, offizielles Plätzchen anbieten würde, auf dem ich bleiben kann. Ein Stückchen Wiese, zum Zelten.« Die Aussichten stehen schlecht. So bleibt er immer auf dem Sprung, jederzeit bereit, aufzubrechen. »Mein Rucksack ist gepackt. Kocher, Messer, Axt, Isomatte, Schlafsack, Thermounterwäsche. Das ist alles, was ich brauche.«

Es würde mir schon reichen,
wenn ich ein kleines Plätzchen hätte,
auf dem ich offiziell bleiben kann.
Ein Stückchen Wiese zum Zelten.

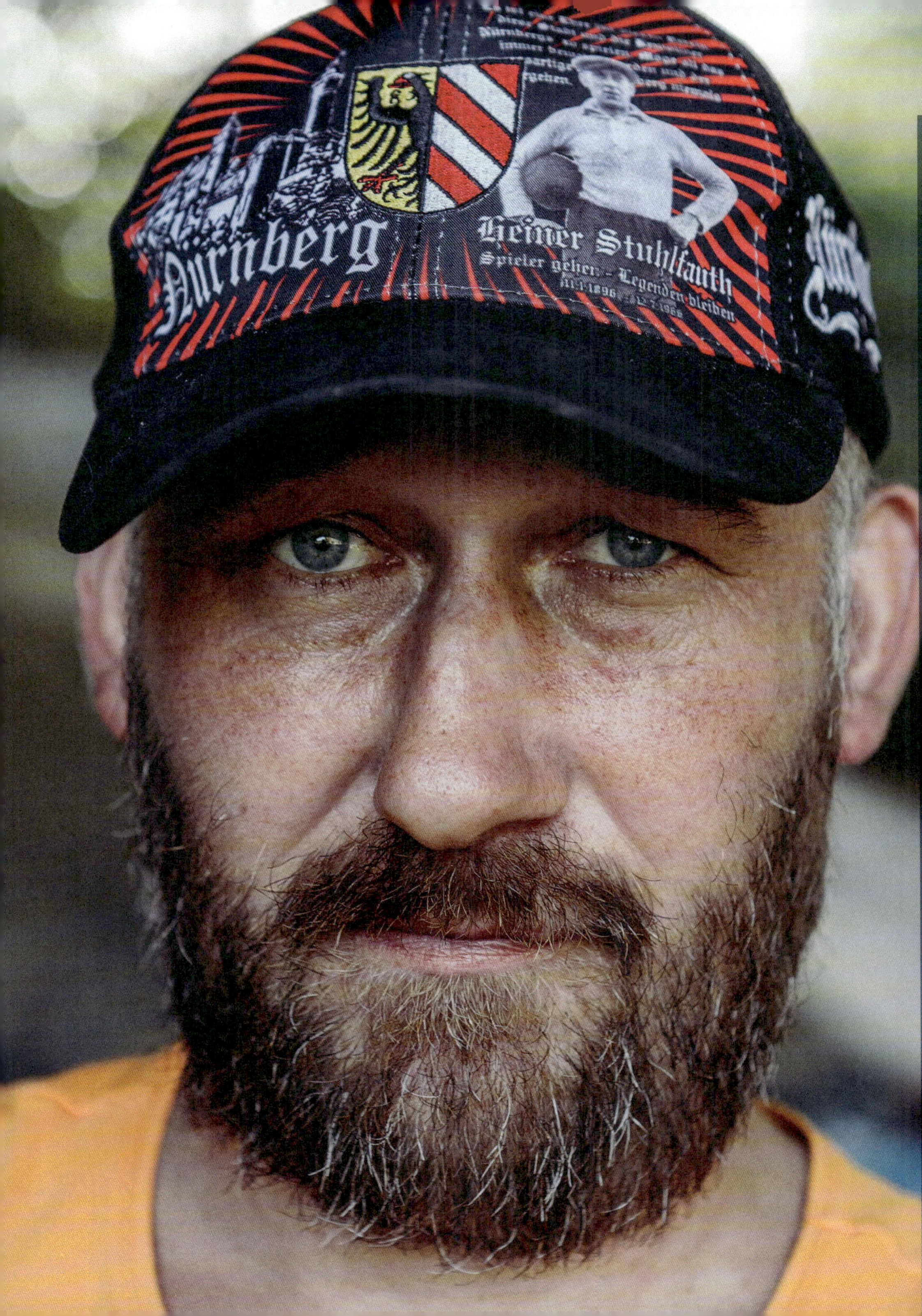

PEGNITZPERLEN

Wo es schön ist

DAS FESTIVAL

»Jedes Jahr an einem Wochenende im August findet das Brückenfestival an der Theodor-Heuss-Brücke statt. Da freue ich mich schon immer lange vorher darauf. Mehrere Bands treten auf und machen richtig geile Musik. Ich helfe dort drei Tage beim Auf- und Abbauen, bekomme dafür Essen, Trinken und Geld. Nicht viel. Aber für mich ist es viel.«

COBRA

Feste feiern am Fluss

Wasser zieht die Menschen an. Das Glitzern, Plätschern, die Ruhe und Bewegung. Im Wiesental flussabwärts von Nürnberg: Eine Gruppe Jugendlicher feiert Party mit Grill. Im Buschwerk an der Pegnitz steht ein Generator und liefert den Strom für die Musikanlage. Unter einem Zeltdach mischt ein DJ elektronische Klänge in das Rauschen des Flusses. SoundCloud Pegnitzgrund. Vielleicht die Geburtsstunde eines neuen Festes? Afrika- und Brückenfestival fingen auch ganz klein an: Musik und Kultur, Laissez-faire, umsonst und draußen. Mittlerweile pilgern Zehntausende zu den Buden und Bühnen unter der Theodor-Heuss-Brücke. Die wird mit bunten Stoffbahnen und Fahnen herausgeputzt. Am letzten Wochenende im Juli lockt zudem das Bardentreffen Liedermacher und Besucher nach Nürnberg. Die Musik, die Altstadt, das Flair am Fluss. Der Mix macht es. Das Bardentreffen gibt es seit 1976. Die Tradition des im Rahmen des Altstadtfestes ausgerichteten Fischerstechens reicht bis ins Mittelalter. Bei einem anderen Altstadtfest zwanzig Flusskilometer aufwärts, in Lauf an der Pegnitz, gibt's ein Gaudi-Kanurennen. Je weiter man dem Flusslauf hinaus aufs Land folgt, desto gemütlicher werden die Feste. In Artelshofen oberhalb von Hersbruck ist es die traditionelle Kirchweih im Juli, ein Dorf weiter in Enzendorf das Stadlfest an Christi Himmelfahrt. Man sitzt am Fluss bei Sonnenschein, Blaskapelle und einem kühlen Bier. Mehr braucht es hier nicht zum Feiern.

DER VERBORGENE WEG DES WASSERS

SVEN BLACKHOLM
Diplom-Ingenieur

Nürnberg hat ungefähr fünfhunderttausend Einwohner. Da fällt eine Menge Abwasser an. Was passiert damit? Ab in den Fluss? Wenn Sven Blackholm über Düker, Überschussschlammeindicker oder Freispiegelkanalisation spricht, versteht der Laie so gut wie nichts. Quintessenz all dieser Fachbegriffe sind siebzig Millionen Kubikmeter geklärten Wassers, die jährlich an der Stadtgrenze bei Doos in die Pegnitz gespült werden. Trotz des enormen Kläraufkommens verbesserte sich die Wasserqualität. Auch dank Ingenieur Blackholm.

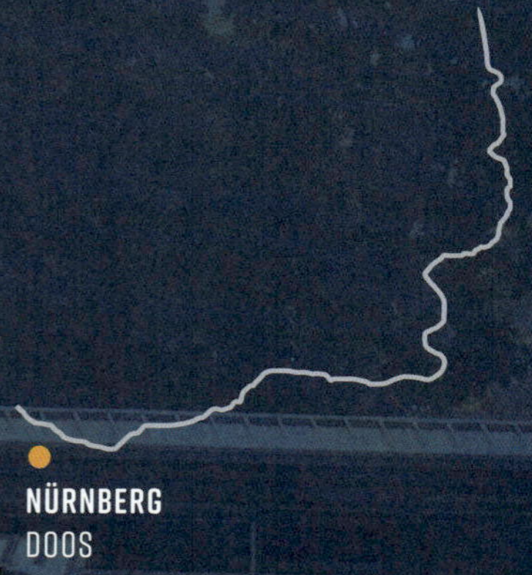

DAS SCHÄRFSTE IST FÜR MICH
DER GEWINN AN WASSERQUALITÄT:
WAS WIR DA ERREICHT HABEN,
DAS IST FÜR MICH DER KICK!

Im Pegnitztal nahe der Stadtgrenze: An welcher Stelle genau verlässt hier der arglos Flanierende den Nürnberger Sektor? Wo beginnt Fürth? Ein Schild stellt unmissverständlich klar, auf wessen Hoheitsgebiet man sich hier befindet: »SC Germania Nürnberg e.V.«. Gerade trainiert die Jugendmannschaft. Der Rasen ist top, auch außerhalb des Vereinsgeländes grünt es. Die Pegnitzaue in Nürnbergs Westen ist ein beliebtes Naherholungsgebiet: Wiesen, Uferbewuchs, der sich schlängelnde Fluss. Nördlich liegt Schniegling, auf der anderen Flussseite der Stadtteil Doos, dessen Name von der »tosenden« Pegnitz rührt. Sie rauschte hier früher durch eine enge Schlucht und trieb die Dooser Mühle an. Das Flussgefälle wurde entschärft und die Mühlräder drehen sich längst nicht mehr. Wohin mit all der ungenutzten Kraft? Was macht eine resolute, muskelbepackte, emanzipierte Dame, der die Aufgabe abhandenkam? Die Pegnitz macht Krach: Beim ehemaligen Schnieglinger Wehr poltert sie trotzig eine Sohlrampe hinunter. Vielleicht, ja, vielleicht kann sie ja wieder einmal ein Kajak zum Kentern bringen und es genüsslich zermalmen. Am Baum vor dem Bootshaus der »Naturfreunde Nürnberg Mitte« lehnt ein solches Kajak und grinst provozierend lässig zum Fluss hinüber: »Du kannst mich mal!«

Schreibtisch und Routine: Manchmal muss ich mich erst einen Schritt zurück begeben, um das große Ziel zu sehen.

Hier kurz vor Fürth wird das gesamte Abwasser Nürnbergs in zwei Kläranlagen aufbereitet und an den Fluss abgegeben. Die Kläreinleitung ist der stärkste Zufluss entlang des gesamten Flusslaufs. Im Areal von Klärwerk 1 hätte das Fußballfeld des SC Germania zehnmal Platz. Auf dem Gelände: Sandfang, Schneckenhebewerk, Belebungsbecken, Absetzbecken, Filterkammern, Überschussschlammeindicker und Rohre kreuz und quer. Die Reinigung von Abwasser ist ein komplexer Vorgang. Wer zu Hause die Klospülung drückt, verschwendet keinen Gedanken daran, welch verschlungene Wege das Wasser von da an nimmt. Ein mitgerissenes Bakterium könnte einen Abenteuerroman schreiben. Jules Verne lässt grüßen. Nürnbergs Kanalisation ist eintausendfünfhundert Kilometer lang. Es ist eine dunkle Schattenwelt. In Orson Welles' Film »Der dritte Mann« war die Wiener Unterwelt die perfekte Filmkulisse. Ein Mord in der Kanalisation

Nürnbergs Kanalisation ist tausendfünfhundert Kilometer lang.

DIE WAHRHEIT EINES FLUSSES LIEGT TIEFER, UNTER WASSER.

im nächsten Franken-Tatort? »Na ja«, antwortet Sven Blackholm, der ab und zu mit Stirnlampe hinuntersteigt. »So stilvoll wie damals in Wien ist es bei uns nicht. Die Röhren sind nicht gemauert, sondern aus Beton. Der ist zweckmäßig, aber ziemlich trist.« Blackholm ist Ingenieur und Projektleiter bei der SUN (»Stadtentwässerung und Umweltanalytik Nürnberg«). In dem kommunalen Unternehmen arbeiten rund vierhundert Leute. Die meisten davon in einem der beiden benachbarten Klärwerke, zu denen alle Wege in Nürnbergs Unterwelt führen. Das schmutzige Wasser findet sich im Gewirr der Gänge gut zurecht. Faustregel: einfach nur dem Gefälle folgen. Am Klärwerk wird die Brühe von einem riesigen Rechen empfangen. In ihm bleibt einiges hängen: Putzlappen, Kondome, Tampons, Schmuck, Gebisse, Klöße, Einkaufstaschen und Unterhosen, vom Liebestöter bis zum String-Tanga. Hier kommt alles an, was durch Toilette oder Gully passt. Danach sind mehrere Klärstufen hintereinandergeschaltet, die feine und gelöste Schmutzstoffe aus dem Wasser entfernen. Ganz am Ende wird ein kleiner Anteil des gereinigten Wassers durch einen Teich geleitet. In dem schwimmen ein paar putzmuntere Karpfen. »Die Fische sind Bioindikatoren für die Wasserqualität. Natürlich messen

  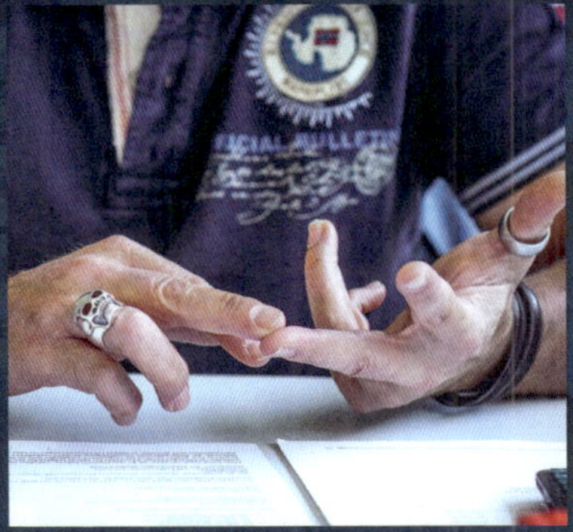

wir die Reinheit auch durchgängig mit klassischen, chemischen Analysemethoden«, erklärt Blackholm. Klär- und Analyseverfahren entwickeln sich ständig weiter. Mittlerweile können Spurenstoffe im Abwasser nachgewiesen werden, die in so geringen Konzentrationen vorliegen wie ein Stück Würfelzucker, aufgelöst im Brombachsee: Abbauprodukte von Medikamenten und von Drogen wie Ecstasy, Speed oder Crystal Meth. Das Wasser ist high! Manch nachgewiesene Rückstände werden als gesundheitlich unproblematisch eingestuft, bei anderen fehlen noch Erkenntnisse. Die Kläranlage verlassen ungefähr sechstausend Plastikpartikel je Liter Wasser. Ist das viel, ist das wenig? Ist das bedenklich? Für Mikroplastik gibt es noch nicht einmal vom Gesetzgeber vorgeschriebene Grenzwerte. Die winzigen Partikel stammen aus Gesichtscremes, Duschgel oder Zahnpasta. Auch die rund einhunderttausend Tonnen jährlichen Reifenabriebs auf deutschen Straßen sind beteiligt: Der Regen schwemmt die Gummipartikel in die Kanalisation. Blackholm geht es vor allem um eines: Alles, was potenziell schädlich für Mensch oder Natur ist, sollte raus aus dem Abwasser, so gut es eben geht. Das ist eine ständige Herausforderung. Um die neunzig Prozent des Mikroplastiks etwa werden durch den Klärprozess aus dem Wasser gefiltert. Die entscheidende Frage: Was passiert mit Abfallprodukten wie dem Klärschlamm? Noch immer wird in Deutschland ein beträchtlicher Teil des belasteten Schlamms zur Düngung in der Landwirtschaft eingesetzt. In Nürnberg wandert der Schlamm in die fünf großen »Fauleier«. Sie sind das weithin sichtbare Wahrzeichen des Klärwerks. Ich stehe mit Blackholm auf dem Dach in fünfunddreißig Meter Höhe. Der Ausblick: Die ewig zerstrittenen Schwestern Fürth und Nürnberg liegen einträchtig zu unseren Füßen: Alte Veste, Rathausturm, Burg und Business Tower. Es sieht aus wie eine geeinte Stadt. Blackholm schaut hinüber zum Moritzberg, über den gerade die Morgensonne klettert. Genug geträumt. Er deutet auf ein verglastes Guckloch in der Betonhaut des »Fauleis«. »Da drin sind spezielle Kollegen am Werk, die etwas mimosenhaft sind.

Sie brauchen fünfunddreißig bis achtunddreißig Grad Wärme, optimal sind sechsunddreißig oder siebenunddreißig Grad. Nur dann arbeiten die gut.« Es sind emsige Bakterien, die den Klärschlamm in Klärgas verwandeln. Dieses wird dann über Blockheizkraftwerke in elektrischen Strom und Wärme umgewandelt. Im Juli 2016 wurde eine Pilotanlage fertiggestellt. Mit ihr will man testen, ob der im Klärschlamm enthaltene Phosphor zurückgewonnen werden kann, um ihn dann als Dünger zu verwenden. Das Ziel ist eine vollständige Verwertung des Schlamms. So weit ist man aktuell noch nicht. Es bleibt ein Rest, der für den Transport in die Verbrennungsanlage verladen werden muss. Blackholm rümpft die Nase. Wenn er während der Verladung das Fenster öffnet, kann schon mal eine Duftwolke in sein Büro wabern. Es kommt über den gesamten Klär- und Verwertungsprozess immer wieder zu unangenehmen Gerüchen. Auch die Anwohner leiden darunter. Eine Verbesserung verspricht sich Blackholm durch sein laufendes Projekt: Es geht um die Behandlung des Schlamms vor der Faulung. Neue Eindickbehälter, Wärmetauscheranlage, Schlammpumpwerke und vieles mehr. Blackholm hat viel zu tun: Anlagenbau, Elektrotechnik, Chemie und Betriebswirtschaft. Am liebsten plant er Neues und begleitet die Umsetzung vor Ort, direkt auf der Baustelle. Oft aber sitzt er am Schreibtisch. Zum alltäglichen Kleinklein gehören Verwaltungstätigkeiten, das Verfassen von Ausschreibungen und Ingenieurverträgen sowie Verhandlungen mit Firmen und Behörden. »Weil ich durch die tägliche Büroarbeit nicht immer etwas unmittelbar bewirke, muss ich ab und zu bewusst einen Schritt zurücktreten, um mir das große Ziel wieder zu vergegenwärtigen.« Das große Ziel? Für den Ingenieur spielt der Umweltschutz eine wichtige Rolle. »Die Wasserqualität der Pegnitz konnte durch Maßnahmen der Abwasserklärung deutlich verbessert werden. Ich habe dazu beigetragen. Das ist an meiner Arbeit das Schönste.« Blackholm ist oft in seiner Freizeit an der Pegnitz unterwegs. Zu Fuß mit der Angel, auf dem Fahrrad oder im Kajak. Er hat stets dabei ein Auge dafür, wie es um einen Fluss oder See gerade steht. »Die meisten Leute beurteilen den Zustand eines Gewässers ziemlich oberflächlich. Wenn ein paar Schwäne herumschwimmen, ein Vogel zwitschert und am Ufer Blumen blühen, dann ist für sie alles in Ordnung. Aber die Wahrheit eines Flusses liegt tiefer, unter Wasser.«

Blackholm blickte bereits in Abgründe. Bei ehrenamtlichen Säuberungsaktionen zog er Müllberge aus dem Fluss: Fahrräder, Autoreifen, Einkaufswagen und Verkehrsschilder. Aus seiner beruflichen Praxis kennt er Fälle von illegalen Schadstoff-Einleitungen. »Schwäne, Vögel und Blumen finden schnell Fürsprecher. Einen Fisch dagegen hört man nicht schreien, wenn sein Lebensraum zerstört wird. Er geht leise zugrunde. Man ahnt nicht, wie es mancherorts unter der Wasseroberfläche aussieht und dass sich dort Schrottplätze oder unbelebte Wüsten befinden. Erst wenn es am Ufer auch so aussehen würde, meine Güte, dann, ja dann würden es die Leute kapieren.«

PEGNITZPERLEN
Wo es schön ist

DER TUNNEL

»Der Hochwassertunnel ist für mich nicht schön im klassischen Sinn, aber ich halte ihn für interessant. Auf der Höhe der Fleischbrücke in Nürnbergs Altstadt war ein kritischer Engpass, an dem die Pegnitz bei Hochwasser sich immer wieder aufstaute. Diese Gefahrenquelle wurde nach dem Zweiten Weltkrieg durch den Bau eines Entlastungstunnels entschärft. Er beginnt links der Pegnitz unterhalb der Museumsbrücke und endet flussabwärts auf der Höhe der Liebesinsel. Einmal im Jahr biete ich mit anderen Ehrenamtlichen eine Exkursion in den Tunnel an: Im Rahmen der Stadtverführungen kann er bei Kerzenschein mit Booten befahren werden.«

SVEN BLACKHOLM

Die Wasserschlacht bei Doos

Zu Zeiten des Dreißigjährigen Kriegs hatte jemand in den Reihen des kaiserlichen Heers die verrückte Idee, das belagerte Nürnberg zu fluten. Hierzu sollte die Pegnitz im engen Durchschlupf bei Doos mit Steinblöcken künstlich aufgestaut werden. Zur Durchführung kam es nie. Etliche Jahre später hatte Nürnberg aber tatsächlich unter einem bei Doos verursachten Rückstau zu leiden. Schuld waren die Fürther. Das Verhältnis der Nachbarstädte Nürnberg und Fürth war schon immer von gegenseitigen Animositäten bestimmt. Auch die Pegnitz wurde hin und wieder in die Scharmützel hineingezogen. Die Fürther mussten seit jeher mit dem Zustand leben, in dem ihnen der Fluss an der Stadtgrenze übergeben wurde. Im Mittelalter enthielt das Pegnitzwasser Schlachtabfälle und Laugen aus den Gerbereien. Heute fließt das geklärte Abwasser nach Fürth. Aber die Belästigung kann eben auch in umgekehrter Richtung erfolgen: Im frühen 18. Jahrhundert ließen die Fürther das Flussbett versanden. Dies führte – gemäß der Idee aus dem Dreißigjährigen Krieg – tatsächlich zu zunehmender Hochwassergefahr in Nürnberg. Erbost schickte der Nürnberger Magistrat 1727 eine kleine Armada zur Dooser Brücke. Es waren Handwerker und Soldaten in Kähnen, die auf Fürther Hoheitsgebiet begannen, das Flussbett zu vertiefen. Die Fürther dachten nicht daran, die Grenzverletzung hinzunehmen. Ein Heer von Verteidigern rückte aus, um die Nürnberger auf eigenes Terrain zurückzuschlagen. Die Kähne wurden geentert und die Eindringlinge ins Wasser geworfen. Die Fürther entschieden die Wasserschlacht bei Doos für sich. Es war ein glorreicher Etappensieg im ewigen Duell der Städte.

WHO'S PEGNITZ?
OUR PEGNITZ!

DIE BLAUE FREIHEIT

BENEDIKT SCHRÖDER
Start-up-Gründer

Er schwärmte für die Befreiungstheologie in Lateinamerika, studierte katholische Theologie und Philosophie. Nach einer Episode als Novize bei den Dominikanern tauchte er als Wirtschaftsingenieur ins knallharte Business ein. Heute ist er Mitgründer und Geschäftsführer eines Start-ups und will in dieser Rolle die verschiedenen Facetten seiner Biografie zusammenführen. Benedikt Schröder baut das kleinste Wasserkraftwerk der Welt.

ICH TRÄUMTE
SCHON IMMER
VOM EIGENEN
KRAFTWERK.
Blue
Freedom

Weit im Osten, noch viel weiter weg als die Quelle der Pegnitz: Eine Gruppe von Bergrettern steuert erschöpft das Nachtlager an. Es liegt in einem Talkessel zwischen Bergflanken. Die Nacht in den japanischen Alpen kommt schnell. Bevor sie die Thunfischdosen zum Abendessen öffnen, müssen die Männer noch die Ausrüstung checken: GPS-Geräte, Smartphones, Kameras, Lampen. Sie alle benötigen Strom. Was tun in der einsamen Bergwelt, wenn die Akkuladung zur Neige geht? Aus einem Rucksack wird ein sonderbares Gerät gezogen. Es ist »Blue Freedom Portable«, die blaue Freiheit. Die Mikroturbine ist nicht größer als ein tragbarer CD-Player. Damit sie Strom erzeugt, reicht ein schwacher Wasserlauf. Neben dem Lager der Japaner rauscht ein Gebirgsbach. Ein Teammitglied stellt das UFO-förmige Generatorgehäuse ans Ufer und zieht einen blauen Rotor heraus. Dieser ist über eine ungefähr zwei Meter lange, biegsame Antriebswelle mit dem Generator verbunden. Ins Wasser geworfen, richtet sich der Rotor nach der Strömung aus. Die Antriebswelle dreht sich und der integrierte Akku

Ich will mit meiner Arbeit Sinnvolles und gesellschaftlich Relevantes tun.

beginnt, sich aufzuladen. Er besitzt zwei USB-Anschlüsse. Ein angepluggtes Smartphone hat nach einer Stunde wieder genügend Strom. »Cut!«, ruft eine Stimme aus dem Off. Der japanische Teil des weltumspannenden Werbespots ist abgedreht. Weiter geht es nach China, Brasilien, den USA, England und Deutschland. Durchs Drehbuch weht ein Hauch von James Bond: Zum Einsatz kommen Helikopter, Speedboote und Hochgeschwindigkeitszüge.

»Die Möglichkeit, den Film zu machen, war für uns wie ein Sechser im Lotto«, sagt Benedikt Schröder. Eine Logistikfirma wählte die Mikroturbine als Referenzprodukt für eine internationale Kampagne. Schröder ist Mitgründer und Gesellschafter der Firma »Blue Freedom GmbH« (bis 2016 »Aquakin«). Das Start-up gibt es seit Ende 2013. Ideen-Inkubator und Forschungslabor war das alteingesessene Fürther Modellbauatelier des Tüftlers Leif Schoeller. Die Idee: dezentrale Energieversorgung durch Wasserkraft, ohne große Ansprüche an das Fließgewässer, weltweit einsetzbar.

Es geht um eine ganze Generation von neuen Kraftwerken, Medienstar Blue Freedom Portable ist nur ein Mitglied der Familie – das kleinste. Die Fürther Ideenschmiede hat noch andere »Eisen im Wasser«: ein Linearwasserkraftwerk etwa. Mit einhundertsechzigtausend Kilowattstunden hat es genug Power, um eine kleine Siedlung mit Strom zu versorgen. Die Turbine dreht sich schon in einem träge fließenden Gewässer ab vierzig Zentimeter Tiefe.

Energiewende:
Sonne und Wind sind die Stars.
Wasser ist der Underdog.

NOCH FAST ZWEI MILLIARDEN MENSCHEN SIND OHNE EIGENEN STROMANSCHLUSS.

Klassische Kraftwerke benötigen mindestens einen Meter Wassersäule. Der Rückstau am Pegnitzwehr der Fürther Wolfsgrubermühle beträgt mehrere Hundert Meter. Damit Fische an Wehr und Turbinen unbeschadet vorbeikommen, musste dort eine Fischtreppe gebaut werden. »Unser Kraftwerk passieren Fische ohne Probleme. Den Fluss rauf und runter«, erklärt Schröder. »Fischtreppe und Stauwehr können eingespart werden. Klassische Anlagen rechnen sich oft erst nach dreißig Jahren. Das geht besser.«

Sonne und Wind sind die Stars der Energiewende. Wasser ist der Underdog. Das war nicht immer so: Über Jahrtausende war Wasserkraft der Motor des Fortschritts. Vor hundert Jahren trieb die Pegnitz noch rund zweihundert Mühlen an. In ganz Deutschland zählte man mehr als einhunderttausend Wasserkraftwerke. Jetzt sind es weniger als zehntausend. Die Energie aber ist immer noch da. Schröder sieht große Chancen: »Unsere Mikroturbine erzeugt nur zehn Watt Strom. Wir werden mit dieser geringen Leistung sicher nicht die Welt retten. Interessant ist sie auf jeden Fall für Leute, die draußen unterwegs sind: Wanderer, Biker, Camper. Aber da ist mehr Potenzial: In den Entwicklungsländern hat heute fast jeder ein Handy. Etwa zwei Milliarden Menschen leben ohne eigenen Stromanschluss. Viele zahlen mehrere Dollar, um sich das Handy mit einem Dieselgenerator oder einer Autobatterie aufzuladen. Überall, wo Menschen leben, gibt es Wasser. Ich sehe die Chance, mit meiner Arbeit etwas Sinnvolles und gesellschaftlich Relevantes zu tun«.

Als Student leitete Schröder Kolping-Workcamps in Afrika und Lateinamerika. Er lernte Befreiungstheologen kennen, wie Leonardo Boff oder den später ermordeten Óscar Arnulfo Romero. Von ihnen beeindruckt wechselte er von der Betriebswirtschaftslehre zur Philosophie und katholischen Theologie. Er trat sogar in den Dominikanerorden ein. Ein halbes Jahr war er Novize, dann brach er abrupt ab und kehrte von der geistlichen zurück in die ökonomische Welt. Er wurde Wirtschaftsingenieur, Manager und Unternehmensberater. Seine soziale Prägung blieb. Er bemühte sich stets, wirtschaftliches und ethisches Handeln in Einklang zu bringen. Sein Faible für Wasserkraft hat damit zu tun. Er begann zu träumen: »Ich setze mich abends mit einer Flasche Bier an den Fluss, neben mein eigenes kleines Wasserkraftwerk. Ich trinke entspannt mein Bier, während das Wasser rauscht und die Turbine sich dreht.«

Auf der Suche nach seinem Wunsch-Kraftwerk stellte er fest: Das gab es noch gar nicht. Über ein Internetforum lernte er Leif Schoeller kennen, den Chef der Fürther Modellbaufirma. Der war schon am Basteln: »Du suchst ein kleines Wasserkraftwerk? Wir entwickeln gerade eines. Willst du nicht bei uns einsteigen?«, fragte ihn Schoeller und die Sache kam ins Rollen. Sie rollte schnell.

Bereits nach Veröffentlichung der ersten Studien und Prototypen war die Resonanz positiv. Später hagelte es Auszeichnungen und Preise wie 2016 den renommierten German Design Award.

Wie schafft man das? »Hand in Hand arbeiten wir solidarisch für unsere Ziele« lautet das Motto auf der Unternehmens-Website. »Hand in Hand«, »solidarisch«? Ist das nicht in bisschen viel Kolping-Romantik? »Nein«, sagt Schröder, »das passt schon. Das Team ist extrem wichtig. Klar, es gibt auch Reibungsverluste und Stress. Bei uns treffen Forscher und Entwickler auf Kaufleute und Vertriebsleute. Die Dynamik ist aber von einem starken gemeinsamen Willen geprägt. Wir sind alle von der Sache begeistert und wollen etwas zusammen bewegen.« Auch die Finanzierung lief gemeinschaftlich: Fast tausend Kleininvestoren einer Crowdfunding-Plattform glaubten an die Idee der Mikroturbine. Rund zweihunderttausend Dollar kamen so zusammen.

Wir sind alle von der Sache begeistert und wollen etwas zusammen bewegen.

Die Serienproduktion lief an, jedoch sind noch Hürden zu überwinden. Der Kaufpreis ist eine solche Hürde, denn er ist für den Einsatz in Entwicklungsländern noch zu hoch. »Wir arbeiten daran und laufen alle auf zweihundert Prozent«, so Schröder. Er knüpfte weltweit Kontakte. Friedensnobelpreisträger Muhammad Yunus gewann er als Unterstützer für ein Projekt in Indien und Bangladesch. »Ich begegne in meiner Arbeit so vielen interessanten Menschen. Das ist hoch spannend. Und oft höchst überraschend. Hinter jeden offenen Türe öffnen sich weitere Türen.«

Es ist die Kraft des Wassers, die sein Leben durcheinanderwirbelt. Und es ist die Kraft des Wassers, die ihn zur Ruhe kommen lässt. Er sitzt am Fluss mit einer Flasche Bier. Und denkt zurück an Kindheitstage, als er ganze Ferien lang am Wasser verbrachte. Er sprang vom Ufer ins kühle Nass, tapste im Schlamm herum, fing Kaulquappen, baute Dämme und riss sie wieder ein. Und er tüftelte an Wasserrädern aus Holz und Styropor so lange, bis sie sich drehten. Jetzt baut er Turbinen. Er nimmt einen Schluck. Die Kohlensäureperlen tanzen auf der Zunge. Das Pils schmeckt herb und frisch. Über neunzig Prozent davon sind Wasser. Wahnsinn, was man mit Wasser alles machen kann!

PEGNITZPERLEN
Wo es schön ist

BEI DER WOLFS-GRUBERMÜHLE

»In Fürth hat die Pegnitz Endspurt. An der ›Spitz‹ vereinigt sie sich mit der Rednitz. Kurz vorher, an der Wolfsgrubermühle, zeigt sie noch einmal, was in ihr steckt. Hier wird Strom aus Wasserkraft erzeugt. Am Mühlenwehr vorbei plätschert ein künstlich angelegter Bach. Der ist gut für die Fische und gut für die Menschen. Mir gefällt es dort. Für unsere Mikroturbine sind solche kleinen spritzigen Bäche ideal. Schon oft waren wir mit Fotografen und Filmteams vor Ort. Einmal bin ich dabei ins Wasser gerutscht und war völlig durchnässt. Das war amüsant – vor allem für die Zuschauer.«

BENEDIKT SCHRÖDER

Maxbrücke, Abschied

Nach Tagen bunter Pracht
ziehen die gefallenen Blätter
wie einsame Schiffe dahin.

Leuchten zuletzt des Nachts
unter den Lichtern der Stadt
noch bunter, prächtiger.

Und verschwinden still,
dem dunklen Strom ergeben,
so, als wüssten sie wohin.

MENSCHEN AM FLUSS

EINE REISE ENTLANG DER PEGNITZ

Wir bedanken uns bei allen, die uns bei der Entstehung dieses Buches unterstützt haben. Es sind zu viele, um sie alle an dieser Stelle zu würdigen. Ein besonderer Dank gilt unseren Freunden und Familien, vor allem Babsi, Tina und Sia. Wir danken auch Anja Bauer und Marion Voigt, ebenso dem Team des Fahner-Verlags, speziell Lambert Herrmann und Eva Weißmann. Und natürlich den fünfundzwanzig außergewöhnlichen Menschen, denen wir auf unserer Reise begegnet sind.

Bildnachweis

Dr. Alfons Baier, GeoZentrum Nordbayern, Lehrstuhl für Angewandte Geologie, Erlangen: *S. 175.*
Thomas Ballenberger, Nürnberg: *S. 63.*
Georg Bock, Pegnitz: *S. 24.*
Manfred Eder, Röthenbach a.d.Pegnitz: *S. 138-139.*
Andreas Hessenauer, Rückersdorf: *S. 35 re., S. 89, S. 100 u., S. 114, S. 117 re., S. 149 re., S. 163 re., S. 164, S. 204-205.*
Nürnberger Nachrichten / Friedl Ulrich: *S. 52-53.*
Dr. Dieter Piwernetz, Privatarchiv, Postkarten, Nürnberg: *S. 146.*
Staatsarchiv Nürnberg, Reichsstadt Nürnberg, Karten und Pläne 230: *S. 174.*
© Strähle Luftbild Schorndorf: *S. 95 o.*
Alle anderen Fotografien: Chandra Moennsad, Nürnberg

Idee & Text ANDREAS HESSENAUER
(*1969), Diplom-Informatiker, lebt in Rückersdorf

Die *Pegnitz* ist ein besonderer Fluss. Ich empfinde so, weil ich an ihrem Ufer lebe. Sie ist meine Heimat und ich bringe sie mit all den besonderen Menschen dieses Buches in Verbindung. Es gibt viele Flüsse: die Selenge in der Mongolei, den Dwangwa in Malawi und den Hilmend in Afghanistan. Auch sie sind besonders. Auch sie sind Heimat und ein Ort der Gefühle und Sehnsüchte, die alle Menschen dieses Planeten einen. Was ist der Fluss am Ende der Reise? Für mich das, was er immer war: ein Geheimnis.

Fotografie CHANDRA MOENNSAD
(*1967), lebt und arbeitet als freier Fotograf in Nürnberg

Die *Pegnitz* ist wenig kapriziös. Sie war eine stille Begleiterin vor meiner Haustür, bis es zu unserer Reise kam. Was sich dann hinter jeder Flussbiegung offenbarte, hat mich gepackt. Einfach alles. Stimmungen, Momente, Begegnungen mit Menschen voller Charisma und faszinierender Beziehung zu ihrem Fluss, der Pegnitz. Manches davon konnte ich mit der Kamera festhalten. Eine wunderbare Reise – direkt vor meiner Haustür.

Buchgestaltung RALF BRENDJES
(*1969), visueller Gestalter, seit 25 Jahren zu Hause in Nürnberg

Die *Pegnitz* ist kein Main, keine Donau, kein Rhein. Weder in Nürnberg noch in Fürth prägt sie das Stadtbild, oft nimmt man sie nur auf den zweiten Blick wahr. Vielleicht überraschten und begeisterten mich gerade deswegen die vielen außergewöhnlichen Geschichten und Momente rund um diesen vermeintlich unscheinbaren Fluss. All dem einen gestalterischen Rahmen zu geben – ein schöner Gedanke und eine große Herausforderung zugleich.